知らなきゃ損！インフレってなに？

ファイナンシャルプランナー
横川由理

自由国民社

そうですね
投資信託を始めてみるといいと思います
ピッ
は〜〜
最近は物価が上がってきたから資産運用の相談が増えて
疲れたわ…
ニャー
一人ひとりに丁寧に答えたいんだけど
こんなに数が多いと対応できないわね…
ドーン

なんとかまとまらないかなぁ
そうしたら即、みんなのお悩みを解決できるのに
どうにかならないものかしらね…
かあさん疲れてるな〜
大丈夫かな
かあさんは、哺乳瓶で僕を育ててくれた…
よし！
ここはひと肌脱いで
猫の恩返しニャ〜〜！

かあさ〜ん
。。
僕のご飯変えた？
最近ちょっとまずくなったニャー
ももちゃん⁉
え⁉
なんでしゃべってるの？
え⁉
僕も最近流行りのインフレめっちゃ気になるニャン！
友だちのレオも
茶々丸も
み〜んなご飯のグレードが下がったって嘆いてるニャン

ご飯…！
はっ
いつものキャットフード
が高くなったからつい
グレードの低いものに
替えたこと
気がついていたのね…
どうりで
残すな〜と
思っていたの
僕の舌は
ごまかせないニャ！
猫も気になって
いるくらいだから
インフレのこと
かあさんに
全部聞きたいニャン
それにしても
よくインフレなんて
言葉知っているわね…
当たり前だニャン

インフレ
インフレ
インフレ
かあさんが相談者さんの悩みを聞いているのをいつも膝の上で聞いているんだからニャ
それにしたって…
この際今までみんながしてきたお金の質問を
これからは僕が代わって質問するニャン！
それをももが聞いてどうするのよ？
ふっふっふっ

猫のネットワークを使ってみんなで拡散して
世の中の困っている飼い主たちに教えるんだニャン！
そんなことできるの？
でもあなたもう話しているのだから、できそうね…
じゃあ任せる！
どんどん質問してきなさい
桃太郎と一緒にインフレ退治よ！
ニャーー！

目次

第4章

保険はインフレに超弱い

第5章

株式と投資信託でインフレに勝つ!

第6章

第7章 得する制度を使い倒す

キャラクター紹介

かあさん

FPとして活躍する本書の著書。
「正義の味方になる」「迷ったらやる」
「専門用語を使わない」をモットーに、
資産運用に悩む人たちに
わかりやすくアドバイスを行う。
桃太郎の育ての母。

桃太郎

生まれたばかりで迷子になり、
横川さんの息子の由比君に保護された♂猫。
横川家に迎えられ、かあさんが哺乳瓶で
ミルクをあげてすくすくと育った。
人間と話ができる不思議な能力を持つ。

第1章

そもそもインフレって何ですか？

お金の価値を損なうインフレーション

コロナショック以降、私たちの周りは大きく変化しました。日本をはじめ世界の景気が悪くなったのにもかかわらず、インフレが起こったのです。最近では、給料も上がってきてはいますが、それは大企業などごく一部の人でしょう。

これからはお金の知識がある人とない人では、資産に大きな差がついてしまう時代がやってきます。

ある日のこと、物価が上がったので少しでも節約しようとキャットフードの缶詰をケチったことを、飼い猫の桃太郎に気づかれてしまいました。1年前と比べて、キャットフードや猫砂が3割くらい値上がりしていたのです……。

インフレってなに？　どうして僕のご飯を安いものに替えたの？

ももちゃん、安いものに替えたわけじゃないの。前の缶詰と同じ100円よ。でも、ももの好

きな缶詰が100円から130円に値上がりしたので、今、100円で売っている缶詰を買ったの。

同じ100円だからって、僕はだまされないよ。要は、僕の好きな猫缶が100円から130円に値上がりしたので、今、100円で売っている安い缶詰に替えたってことだね。同じ100円でも缶詰の質が落ちてるよ〜！

そりゃあ、以前の100円と今の100円の価値が違うからね。これがインフレという意味。かあさんは生活費が増えて困っているの。

モノの値段が上がることがインフレだというのは知っているけど、感覚がつかめない。前の100円と今の100円の価値が違うってどうい

お金の価値を損なうインフレーション

インフレーション（インフレ）とは、モノやサービスの値段が継続的に上がること

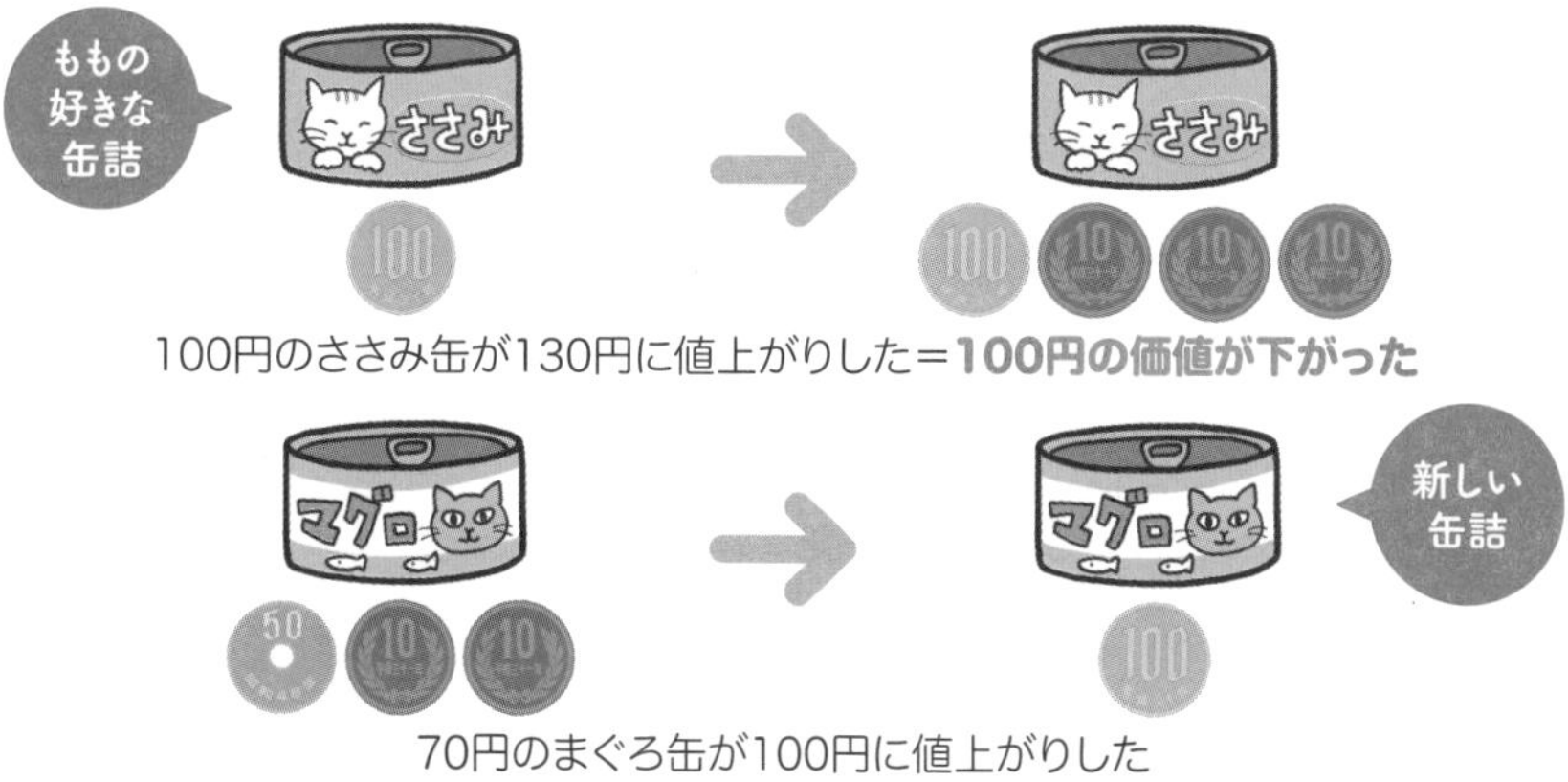

う意味???

以前と今では１００円で買える商品が変わったということよ。１年前に１００円で売っていたささみの缶詰は30%値上がりして１３０円になった。だから、今の１００円で買えるマグロを買ったの。この１００円のマグロの缶詰はね、１年前には70円だった。

１００円の価値が違う……。(涙)
やっぱり安いものに替えたんだ。

ごめんね。これは時代が変わったということ。今まではデフレで、モノの値段が下がっていたけど、これからはインフレの時代なの。現金のまま持ち続けていたり、お金を銀行に預けているだけでは、その価値が下がってしまうのよ。私たちはみんな、お金の価値が目減りするという現実をしっかり受け止めなきゃね。

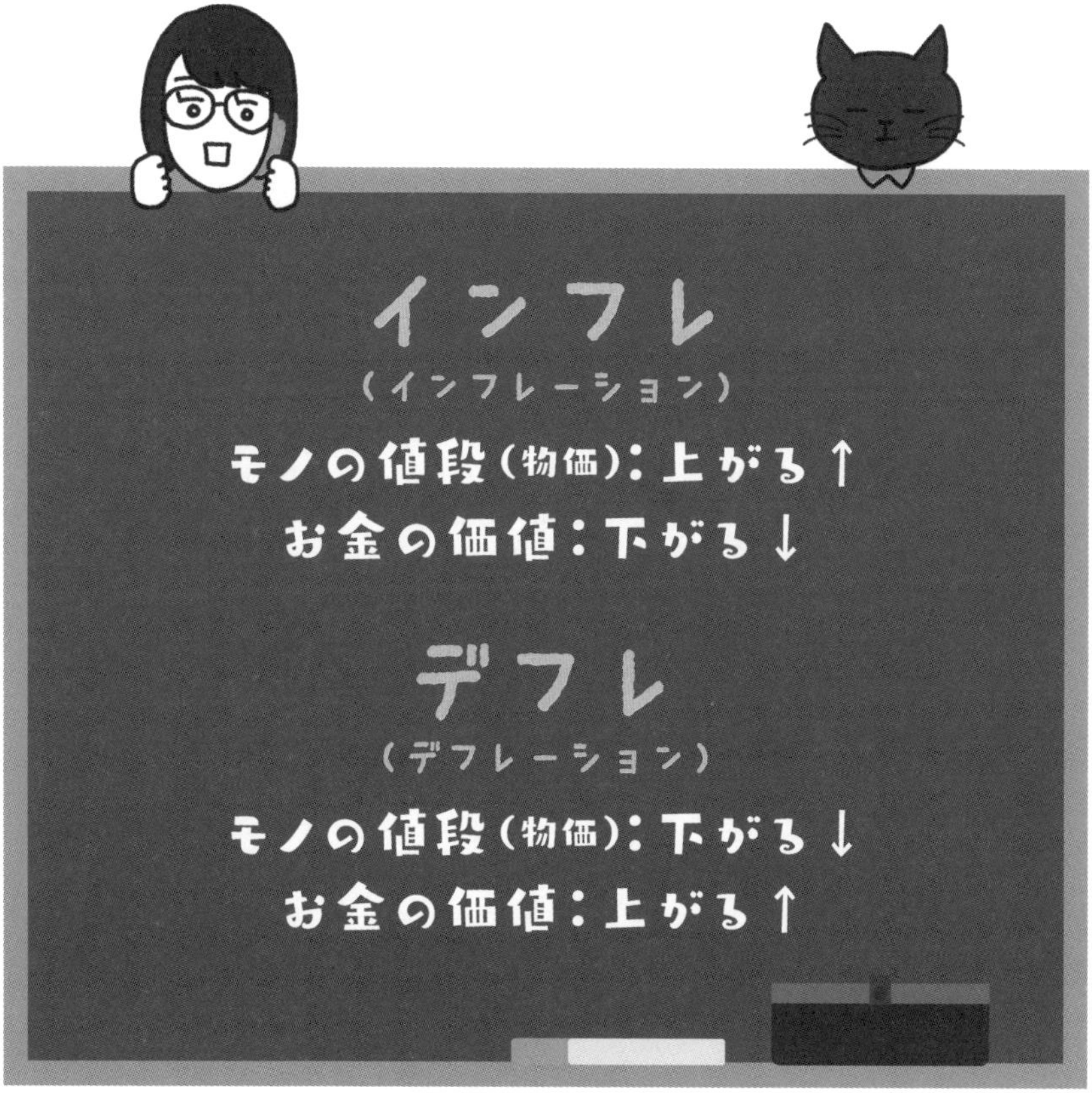

インフレになるとお金の価値が下がる
現金や預金は、モノの値段が上がるので実質的な価値が下がる

30年ぶりのインフレがやってきた

どうやって受け止めればいいの？

まず、メンタルを変える必要があるわ。デフレ脳（現金と預金が一番強いと考えること）からインフレ脳へ変えないといけないわね。これまで30年もデフレだったから、簡単なことではないかもしれない。でも、「変わらなければいけない」と思っている人が増えているのよ。

デフレぼけした脳をリセットしよう！　ってことだよね。

でも、デフレだとモノの値段が下がるんでしょ？　安く買えるほうがいいんじゃないの？

そうね。同じ商品なら安いほうがいいわ。でも、デフレのときは全部の商品の値段が下がる。そうすると、企業の儲けも減るし、私たちの収入も下がる。会社員ならボーナスカットやリストラされる可能性もあるわね。いい？　デフレがいけないのは、まわりまわって私たちの収入が下がるからなの。ももちゃんのご飯も、もっと安いものにしないといけなくなるわ。

いやだ（泣きながら）……。で、どのくらいインフレになったの？

ももちゃんの好きな缶詰は30％値上がりしたでしょ。ほかの商品も値上がりしているわ。とくに食料品の値上がりが目立つわね。下の表を見て！

２０００年と今の値段はあまり変わらないけど、１９７０年と比べると４倍くらいに値上がりしてる！

牛肉の値段を見て。１９７０年に２３７円の牛肉は、２０２１年に９１３円になったでしょ。ということは、１９７０年から平均２・７％で値上がりしていくと、９１３円になる。結局平均して、毎年２・７％も物価が上がっていたこと

モノの値段の変化

商品	サイズ／種類	1970年	2000年	2017年	2021年
食パン	1kg (1斤は約340g)	116円	433円	434円	434円
牛肉 国産ロース	100g	237円	734円	906円	913円
中華そば（外食）	しょうゆ味1杯	96円	543円	566円	542円
カレーライス（外食）	1皿	136円	656円	782円	726円
コーヒー（喫茶店）	1杯	95円	418円	450円	513円
はがき郵便料	通常はがき	7円	50円	62円	63円
新聞代	朝夕刊 朝日新聞	750円	3925円	4253円	4400円

出所：総務省統計局「日本の長期統計系列」および「平成29年、2021年 小売物価統計調査（動向編）」より作成　©YokokawaYuri

になるわ。食パンやほかの商品も同じよ。

毎年２・７％も……。

１９９０年の終わりくらいから２０２１年くらいまでデフレだったから、グラフが下がっているでしょ。でも、２０２２年に入ると、上向きになっている。これがモノの値段が上がってきたという証拠なの！

ほんとだー！

これまでなにか新しい商品が出ると、しばらく待って値段が下がってから買おう！　って思ったでしょ。でも、もう値段は下がらないの。インフレ時代は、欲しいものはすぐに買うこと！

もし、今すぐ買わない場合は、買うまでの間に

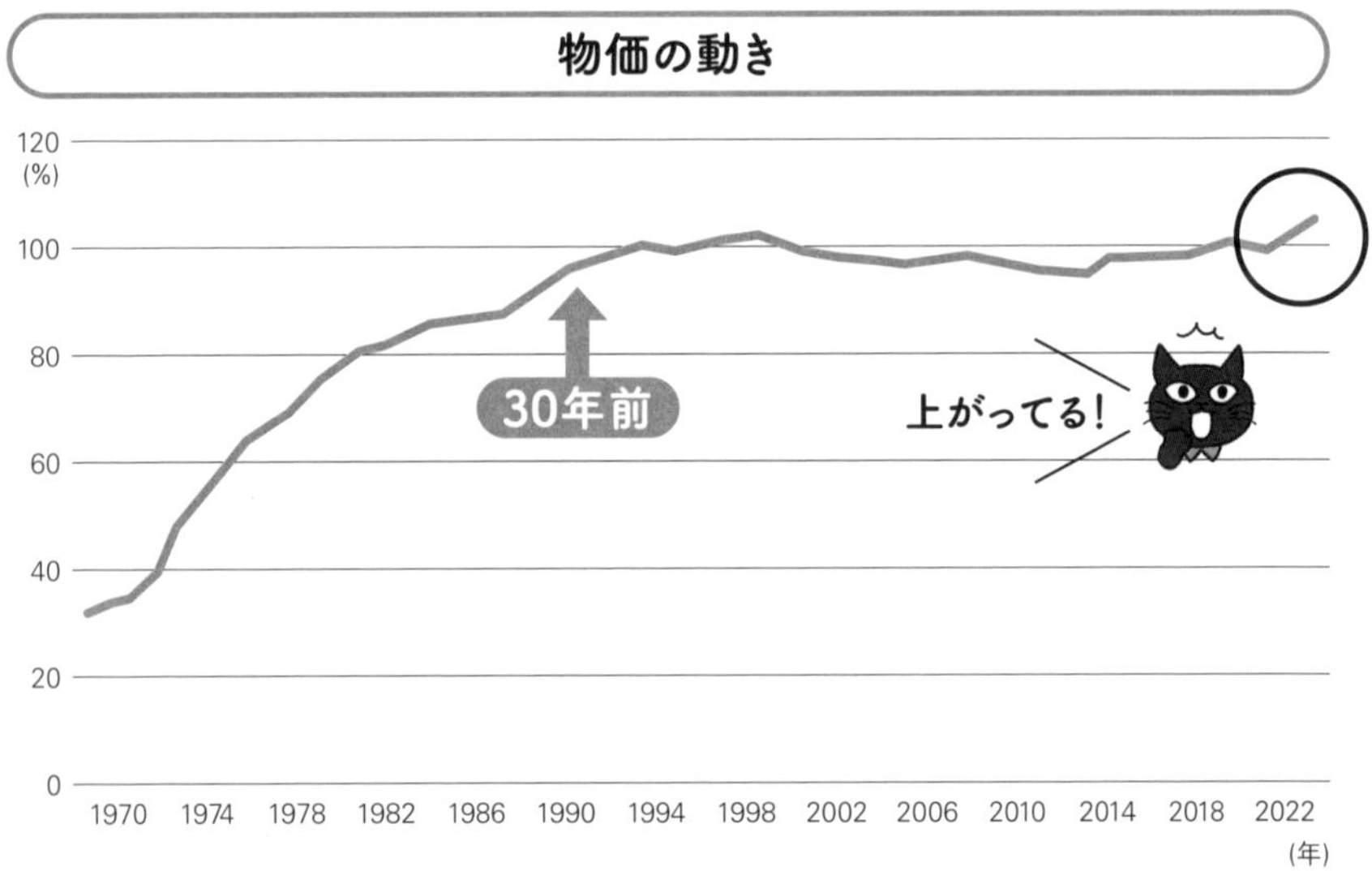

出所：消費者物価指数　政府統計e-Statより作成　年次　対前年比

お金が価値を失わないようにお金を守らないといけないわ。

僕もお金を守る。銀行に預けている間にお金の価値が下がるなら、預金ぼけした脳をリセットしようー！

そのとおり！
でもね、ももちゃん。私たちはみんな、子どもの頃お年玉をもらうでしょ。そのときに、「そのお年玉はお母さんが預かって銀行に預金しておくからね。銀行に預けておくのはとてもよいことなのよ」と教え込まれてきたの。だから、預金する方法以外は理解できない。理解できないものに手を出すのはよくないことでしょ。だから、結局、銀行に預けたまま、なにもしなくなってしまったの……。

どうして預金するのがよいことなの？

まず、手元に置いておくと使ってしまう。お金はいざというときや、本当に欲しいものを買いたいときのために取っておかなければいけないのよ。

いざというときって？

旅行に行きたいときや、家電が壊れたときね。かあさんの冷蔵庫は5年と2か月で壊れたのよ。5年保証が切れたばかりだったの。メーカーに修理費が8万円かかるっていわれて、泣く泣く買い替えたわ。

もうひとつのいざというときは、仕事を辞めたときかな。「どうしてもその会社で働きたくない」という理由で会社を辞めると、失業保険からお金を2か月間はもらえないの。そこで、生活費の数か月分の貯蓄は必要よ。

高いものを買うためと、転職するときのためだね。

あとは病気になるとか、いろいろあるわ。預金

金利の推移（定期預金/1年）

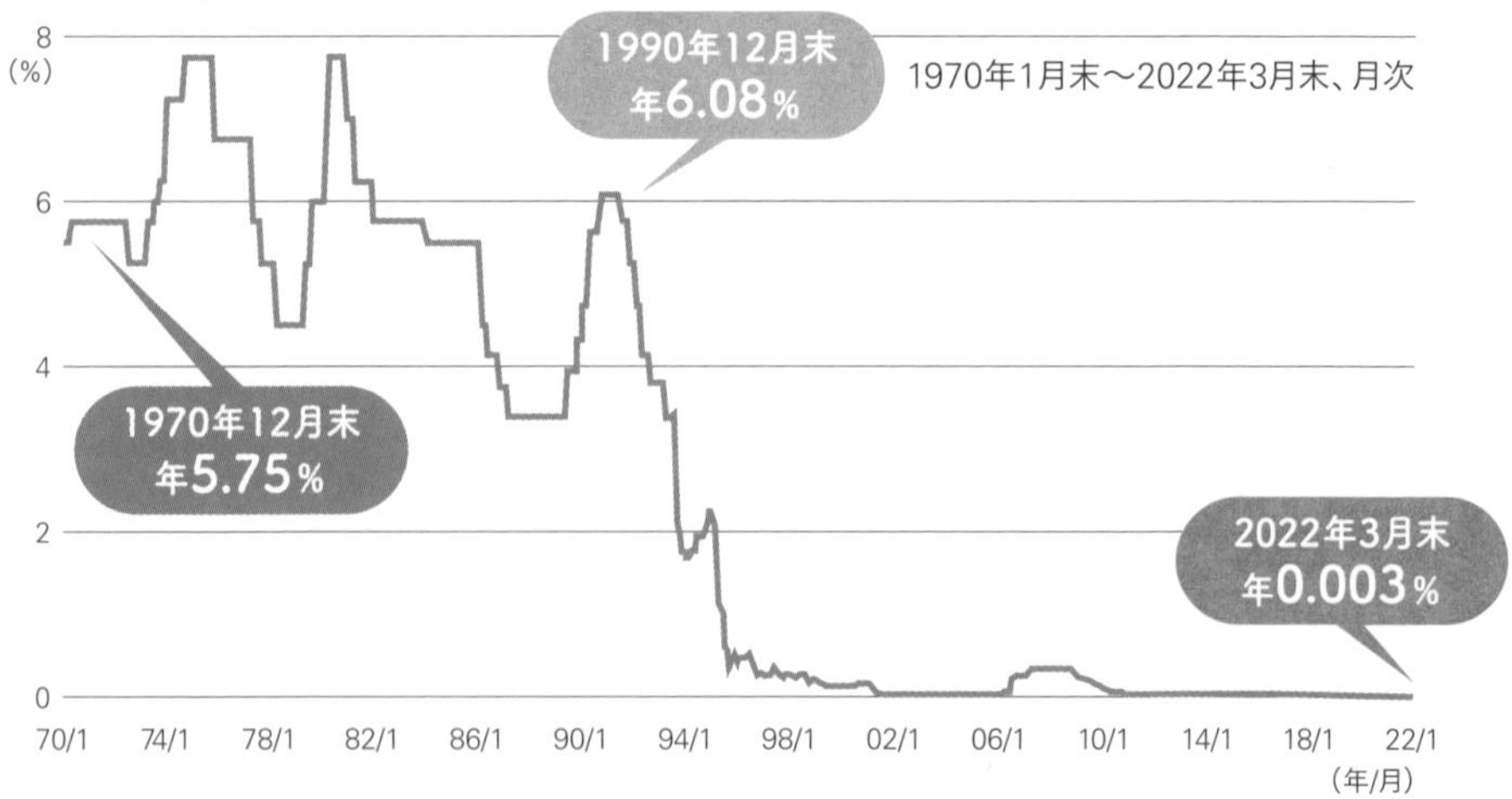

出所：野村総合研究所SuperFocus、日本銀行のデータを基に野村アセットマネジメント作成

の話に戻るわね。お金を銀行に預けておくと、利息をもらえるの。1990年よりも前の定期預金の金利は5％前後もあったのよ。手元に置いておくよりも、増えたほうがいいでしょ。

金利ってなに？　5％が高いのか低いのかわからないよ～。

金利とはお金の貸し借り料のこと。お金を貸す人がもらうお礼が金利ね。利息ともいうわ。だから、反対にお金を借りる人は貸してくれた人に金利を払う。銀行には、お金を預けてるんじゃなくて、貸しているのよ。だから貸したお礼として利息がもらえるの。お金を貸した人がもらう利息は昔、5％と高かったけど、今は大手銀行だと定期預金でも0・002％と低いわ。

低金利だとお金が増えない

100万円を定期預金に預けた場合でも、
年代によって利息が大きく異なる

年	金利	税引き後	利息手取
1970年	6％／年	4.8％	4万8000円
1995年	2％／年	1.6％	1万6000円
2005年	0.045％／年	0.036％	360円
2020年	0.002％／年	0.0016％	16円

出所：日本銀行　定期預金の預入期間別金利より作成

銀行のビジネスモデル

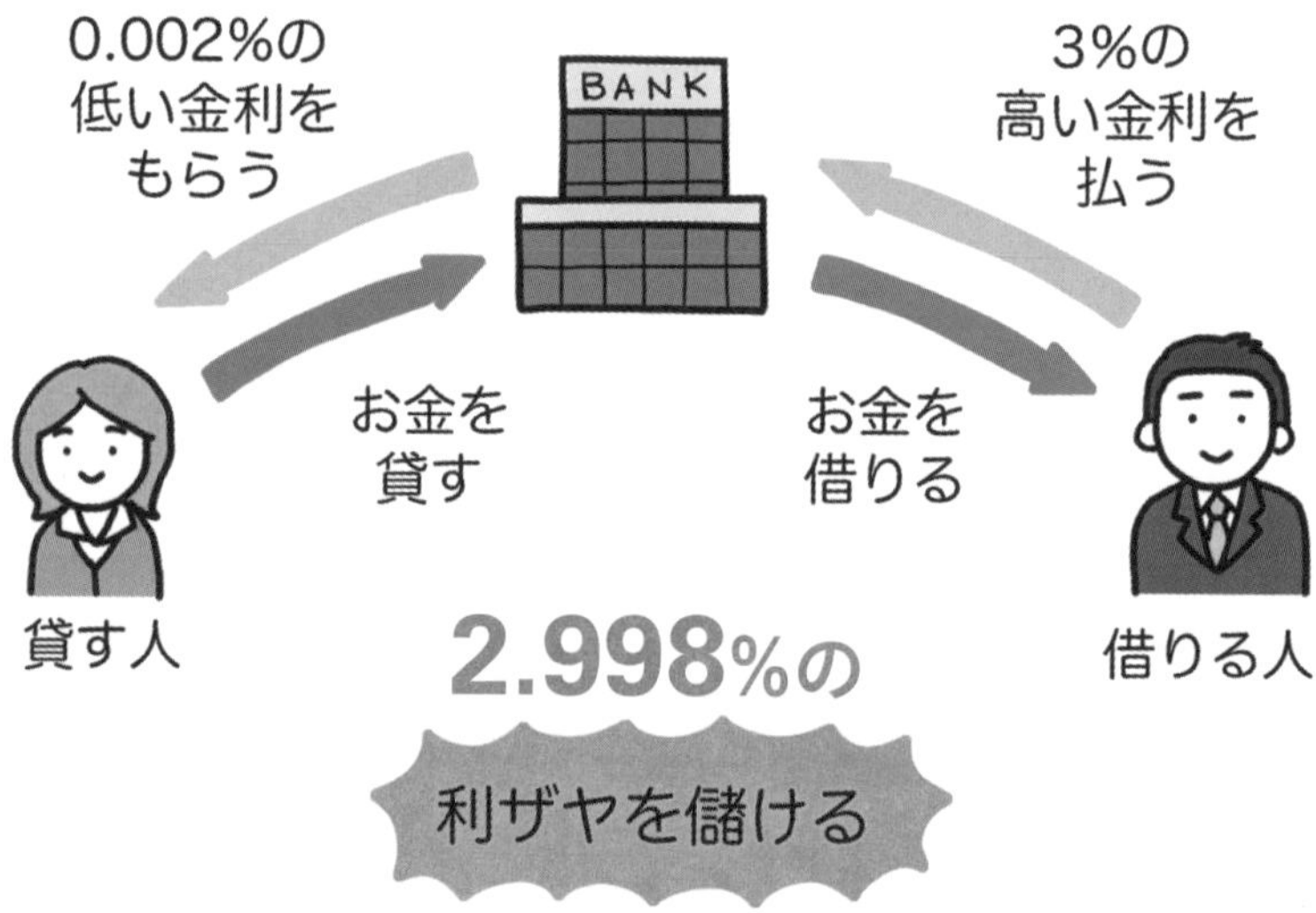

利ザヤはお金を貸す人と借りる人の金利の差をいいます。

金利はお金の貸し借り料なんだね。でも、金利のしくみがよくわかならないよー???

銀行は私たちから借りたお金を又貸しして、利ザヤを儲けるっていう商売をしている。

それ、他人のふんどしで相撲を取るってこと?

そのとおり!
私たちから借りたお金を、高い金利でほかの人に貸す。貸した人から受け取った金利から、儲けや手数料を引いた残りカスみたいな金利を私たちに払う。
もともと預金は、お金を増やす方法ではないの。近い将来に使うお金をちょっと預けてその間にわずかな貸し借り料を受け取るというイメージだったんだけど……。

じゃあ、預金で増えないって嘆いているのはお門違いなんだね。

反対に、お金を借りる人はどうかしら?

自動車ローンや住宅ローンを借りる人は金利が低いほうが助かるよね。利息が安くてすむもの。

ね？　お金を借りる人と貸す人の立場が違うと逆になるでしょ。

そうね。でもインフレは敵。僕のご飯がまずくなるー！

デフレだと、安いお金で美味しいご飯が食べられるからね。でも、インフレになっても給料が上がれば問題ないのよ。それから、お金を借りている人にとって、デフレには大きな問題があるわ。それはお金を借りている人の給料が下がって、住宅ローンを返せなくなってしまうかもしれないこと。

返せないとどうなるの？

家を取り上げられちゃうの。しかも、家の値段で足らない分の借金は残るから、気をつけないと。家がなくなって、さらに借金も残る。

まず、次ページの左側のイラストを見て。デフレになると、給料が下がるでしょ。これでは、住宅ローンを返せなくなってしまう可能性が高いわ。

右側はインフレになって、住宅ローンの金利以上に給料が上がったの。だから、無理なく借りたお金を返せるのよ。どっちがいい？

お金を借りたときのインフレとデフレの違い

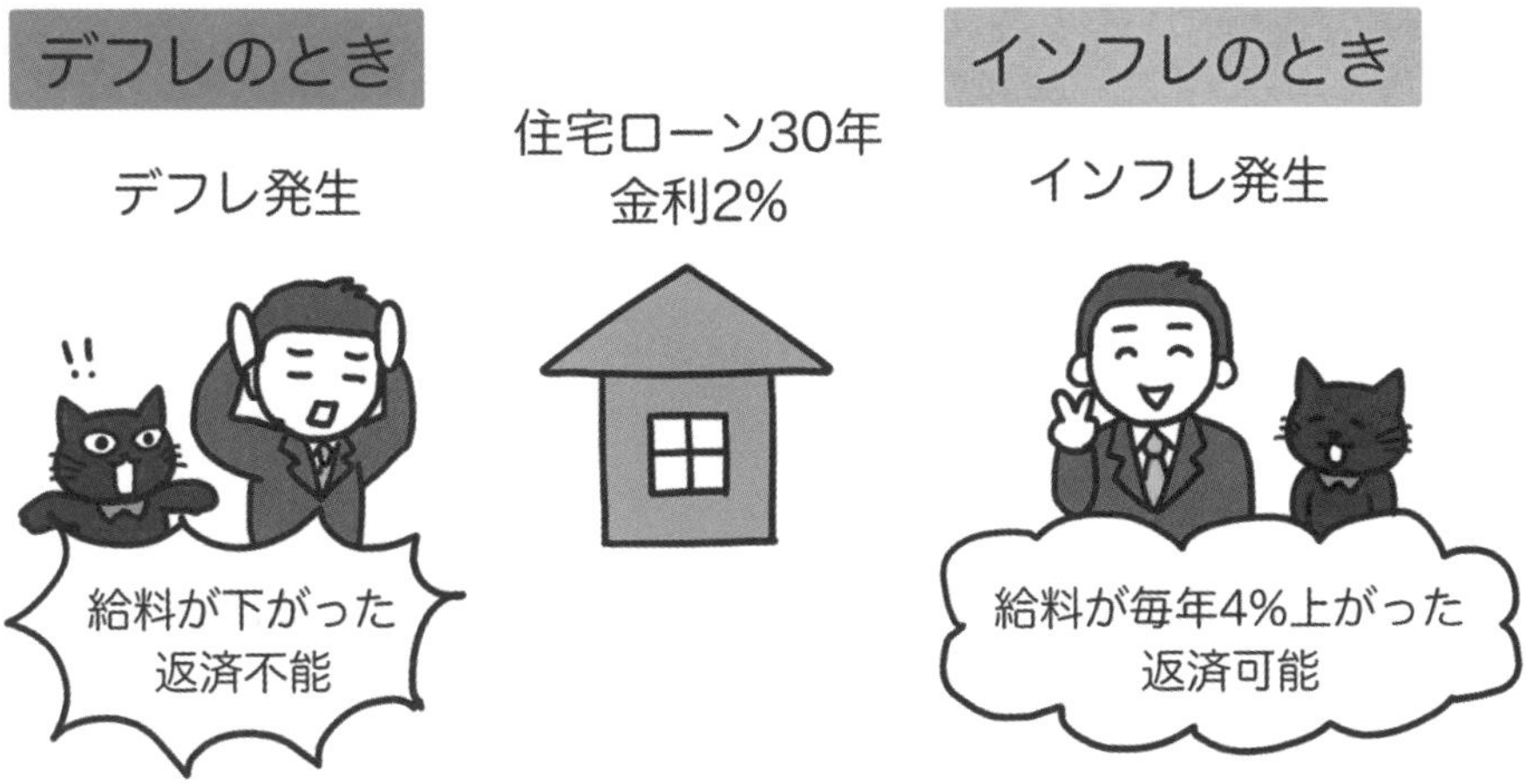

マイホームを買うときは何千万円ものお金が必要になります。一括して払える人はなかなかいません。そこで、銀行からお金を借ります。マイホームを買うために利用するのが住宅ローンです。住宅ローンを組んでいた場合、インフレで給料が上がれば問題なく返済できますが、デフレで給料が下がると返済できなくなってしまいます。

……右？

そう！　今はインフレだから、大丈夫ね。では、金利2％の住宅ローンを組んだという前提でお話しするわね。2％の金利って高いと思うかもしれないけど、実際にはすでに2％を超えているわ。

今、住宅ローンの金利は何％なの？

2％くらいかな。住宅ローンには、固定金利と変動金利の2種類があるわ。固定金利はローンを借りたときから返し終わるまで「同じ金利に固定されている」という意味よ。世の中の金利が上がっても、自分の住宅ローンの金利は最後まで変わらないの。固定金利の住宅ローンは金融機関によるけど、1・88％から3・27％と幅があるわ（フラット35　2023年10月）。フラットは金利が平らなのでフラット。35は最長35年の住宅ローンを組めるという意味よ。

ちょっと難しいね。ともかく、インフレになって金利も上がってきたんだね。でも、インフレはご飯がおいしくなくなるから敵！　みんなでやっつけるよ。

ごめんね。すでにインフレは始まっているの。たまたまこの30年くらいデフレだっただけで、とても長い目で見ると、緩いインフレが普通なのよ。さっき牛肉の話をしたでしょ。ここ最近の急な値上がりは、50年前から毎年2・7％で値上がりした値段と同じだって。
インフレ時代は、欲しいものはすぐに買う。もし、すぐに買わない場合は、買うまでの間にお金が価値を失わないように運用する必要があるわ。

コツコツ預金をしているそこのあなた！　損をするよ～!!

でもインフレ時代に入ったといっても、なかなか実行に移せないよね。どうやってデフレぼけと預金ぼけを治すの？

デフレの時代には、金利がゼロでも物価が下がっていたから預金でも大丈夫だったの。

どういう意味？

つまり、金利はゼロなんだけど、モノの値段が2％下がったら、お金が2％増えているのと同じ意味なの。だから、銀行の預金でも、とくに問題を感じない人が大勢いたわ。でも、3％を超える物価の上昇が続いているので、銀行にお金を預けておくと預金の価値はどんどん目減りしてしまうのよ。
預金は安全だという神話は、もう終わり。元本は減らないと思うかもしれないけど、モノの値段が上がっているから、元本が減っているのと同じ意味になるの。ここは肝に銘じて！

肝！　は、はい!!

インフレ脳への切り替え方

・銀行へ預けることは、銀行へお金を貸すこと
・預金はもともと金利の高い商品ではない
・近い将来使うお金を一時的に預けておくのが預金の役割
・必要なものはすぐに買う。買わない場合は、買うまでの間に、お金が価値を失わないようにインフレ率と同じくらい増えるような運用を心がける

運用の基本は複利で考える

かあさん、預金だと利息がほとんどつかないのはわかったよ。でも、利息のつき方とか、運用するときにどうやってお金が増えていくのかがよくわからない……。

そうね……利息のつき方について、もっと突っ込んだお話が必要ね。あのね、利息のつき方や運用の方法には、単利と複利があるの。

なあに、それ？

単利は、最初に預けた元本に毎年同じ金額の利息がつくの。たとえば、10万円を預金して10％の金利なら、1年後に1万円の利息がつくわ。

1万円も！

10%はたとえばの話よ。わかりやすいように、ここでは高い金利で説明するわね。単利のしくみは、預けた10万円にずーっと1万円の利息がつくの。

はい！

もうひとつ、複利という方法があります。これはね、利息にも利息がついて雪だるま式にお金が増えていく方法。

利息にも利息がつくといわれても～？

さっきの10万円で説明するわ。どちらも1年後には11万円でしょ。でね、複利の場合、新しい元本は11万円になって、利息の1万円にも10%の利息がつくの。だから2年後は12万１０００円になるわ。一方、単利は元本にしか利息がつかないから、12万円。

複利のほうが１０００円多いんだね。でも、たった１０００円かあ……。

でもね、ももちゃん、３年後は３１００円多いわ。４年後は６４１０円も単利より多いのよ～！

10万円を金利10%で4年間運用する

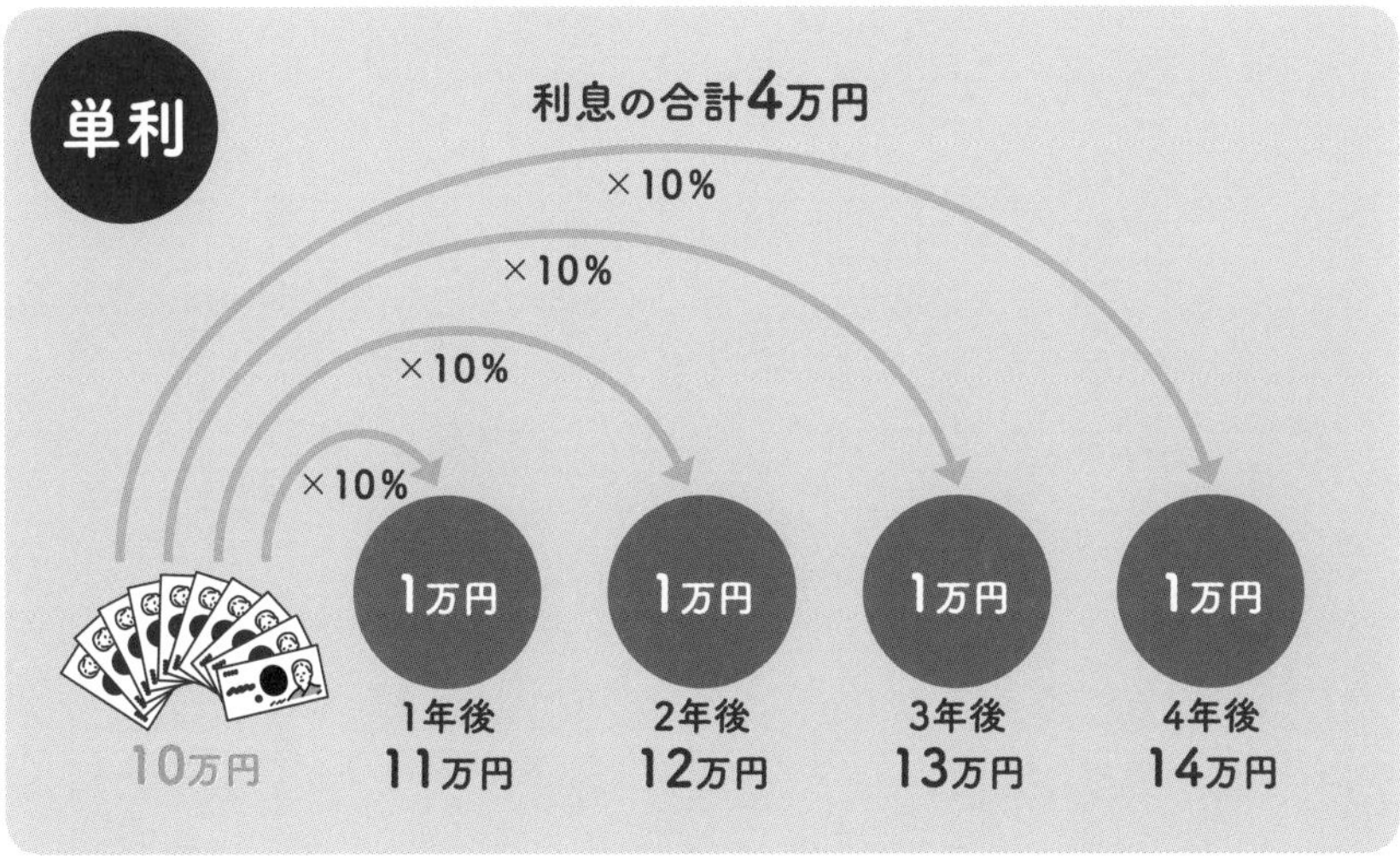

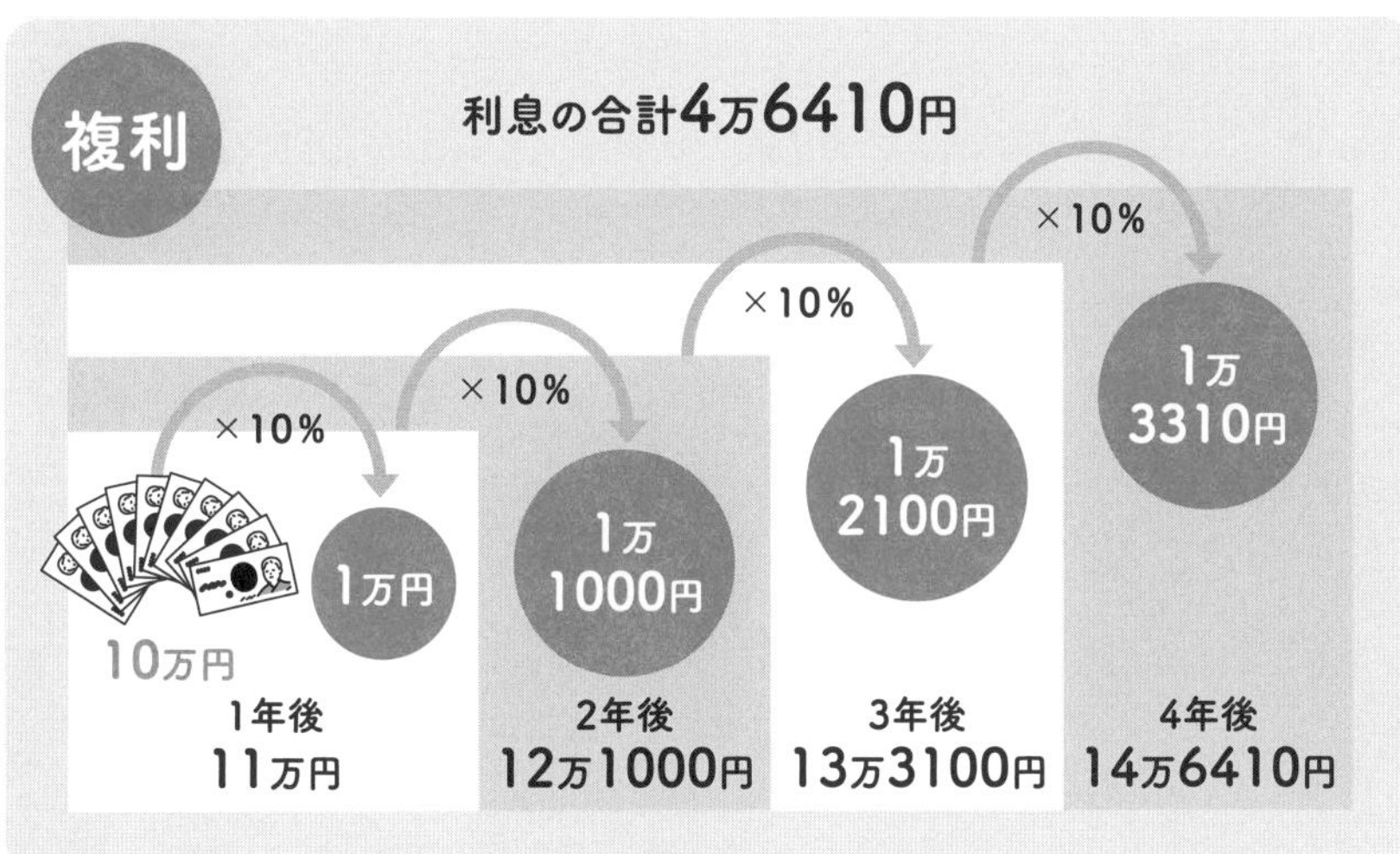

わ、本当だ～!!　単利と複利では、めっちゃ差がつくね。

お金を増やすためには複利が鉄則。預金だけじゃなくて、ほかの運用も同じ。すべて複利で増やしていくと、長い期間が経つとビックリするほど増えるわよ！

合言葉は「インフレに負けない運用」だね～！

インフレに負けない運用って？

よく、「インフレに負けないように資産運用をしよう」といわれるけれど、資産運用というと、儲けを狙うイメージが強いわよね。でも、儲けるというよりも、インフレに負けないことが大切。インフレに負けないためには、自分の資産がインフレ以上に増えてほしいと思わない？　だから、まずは資産を守るために、少なくともインフレと同じくらい資産を増やすことを目標にしましょう。

どれくらいを目標にすればいいの？

２０２３年５月のモノの値段（物価）は、２０２２年の５月と比べて、３・２％も高くなっていたのよ。野菜とか生鮮食品を含めると、なんと４・３％も上がっていたそう。少なくとも毎年、３％は資産運用で増えてほしいわよね。ももちゃん、キャットフードはなんと１年前の27％以上値上がりしたの。

ショック……（桃太郎、気を取り直して！）。今銀行に預けておくと、具体的にどれくらい増えるの？

増えないわよ。元本保証はインフレに弱いの。メガバンクの定期預金に預けると、金利は0・002%。10万円なら1年間で2円の利息ね。

たった2円……。

でも、インターネット銀行や地方銀行のインターネット支店なら、0・2%の利息がつくわ。都市銀行の100倍よ！

100倍といっても、200円でしょ？　インフレに大負けだ。0・2%と3%では大違い。金利が低いから銀行に預けると損をするんだよね。いいこと考えた！　預金ってやつは、真ん中に銀行が入るから悪いんだよね！　直接、お金を借りたい人に貸したらどう？　利息がたくさんもらえそう！

ももちゃん、すごいじゃない。その方法を債券っていうのよ！

債券のしくみ

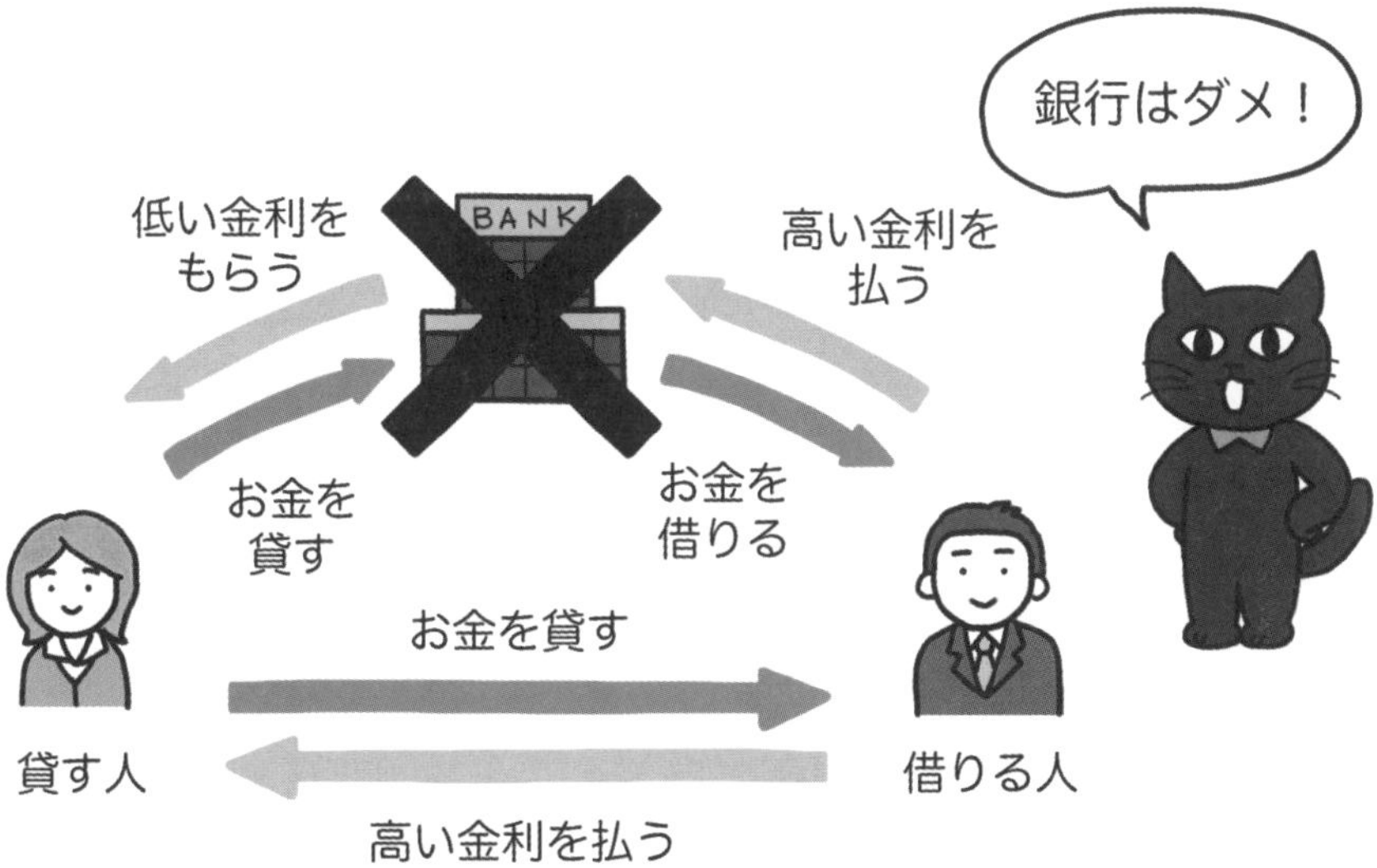

銀行を通さず借りたい人に直接お金を貸して利息をもらう方法。国や企業が、投資家からお金を借り入れるために発行するのが債券です。債券には満期が定められており、満期日にはお金を返してもらえます。

直接、困っている人にお金を貸すの。

いやだ。困っている人にお金を貸したら、返ってこないよ〜。

困っているといっても、お金を返してくれそうなところを選ぶのがポイント。たとえば、日本やアメリカといった国にお金を貸したら返してくれそうじゃない？

国なら大丈夫そうだね。でも、どうして国はお金に困っているの？

さっき、コロナが流行ってから景気が悪くなったっていったでしょう。景気が悪いということは、会社の儲けが少ない。会社の儲けが少なければ個人の給料も減る。みんなの給料が低いので、会社も個人も税金を少ししか払えないのよ。
国は警察官や消防士など公務員の給料、政治家の給料、社会保障のお金などたくさんの税金が必要なの。でも十分な税金がないので、国は国債を発行してみんなからお金を借りる。借りたお金で国を運営しているのよ。国債の金利は預金より高いわ。

ふーん。債券と国債は同じ意味？

同じね。国にお金を貸す債券を国債。会社にお金を貸す債券を社債と呼ぶの。

じゃあ、その国債はどうやって買うの？

普通の国債は5万円ないと買えないから、ここでは個人向け国債について話すわね。個人向け国債は、国が私たちにお金を貸してくださいってお願いしているの。1万円から毎月買うことができるのよ。銀行や証券会社なら、どこでも売っているわ。どこで買っても手数料はかからないし、値段も同じよ。個人向け国債には3種類あるけど、買っていいのは「変動10年」だけだから覚えておいてね。

どうして？

個人向け国債は最低金利が保証される

	個人向け国債		
商品	変動金利型10年満期 変動10	固定金利型5年満期 固定5	固定金利型3年満期 固定3
回号	第163回債 （10月）	第151回債 （10月）	第161回債 （10月）
満期	10年	5年	3年
金利タイプ	変動金利 ※	固定金利	固定金利
表面利率（年） （税引き後）	0.51% (0.4063935%)	0.33% (0.2629605%)	0.09% (0.0717165%)

※：半年毎に適用する利率が変わる

出所：財務省 国債HPより（令和5年9月29日現在）

ほかの3年と5年は固定金利だから、買ったときから満期まで金利が変わらない。この先、金利が上がっても固定されているから、買ったときから最後まで同じ金利が適用されるわ。でも、10年の個人は変動金利だから、10年物の国債の金利が上がると、一緒に上がるしくみなの。その証拠に、2022年1月の金利は0・05%だったけど、2023年10月は0・51%よ。

確かに固定型より金利が高いね！

つい最近（2023年11月）も10年国債の金利は上がっているわ。変動型はそのときの金利に連動するから、金利が上がればもっと上がる。

金利が下がったら、変動10年も下がるよね？

まあね。でも大丈夫。下限が0・05%って決まっているから、定期預金の0・002%よりよっぽど高い。

10年の個人向け国債は安心だね〜。えっ、でもちょっと待って！　10年間おろせないの!?

いいえ。最初の1年はおろせないけど、1年経てば自由におろせるわよ。でも、前の年にもらった利息はペナルティとして、差し引かれる。

ペナルティ？　罰ってこと？　元本割れ〜！

大丈夫だって。もらった金利を返すだけだから最初に払った元本は割れないわ。でも1年間、無利子になるってことだからね。個人向け国債のよいところは、1万円から買えること。解約も1万円単位でできるし。そして、なによりも安全性が高いということかな。安全性が高いという意味は、約束どおり利息を払ってくれて、元本も返してくれるってこと。ただ、預金と違って、その場でおろせないのが唯一の難点。でも、土日祝日を除いて3日後くらいにおろせるから、大した問題ではないでしょ。

初心者にお勧めなのは「個人向け国債」

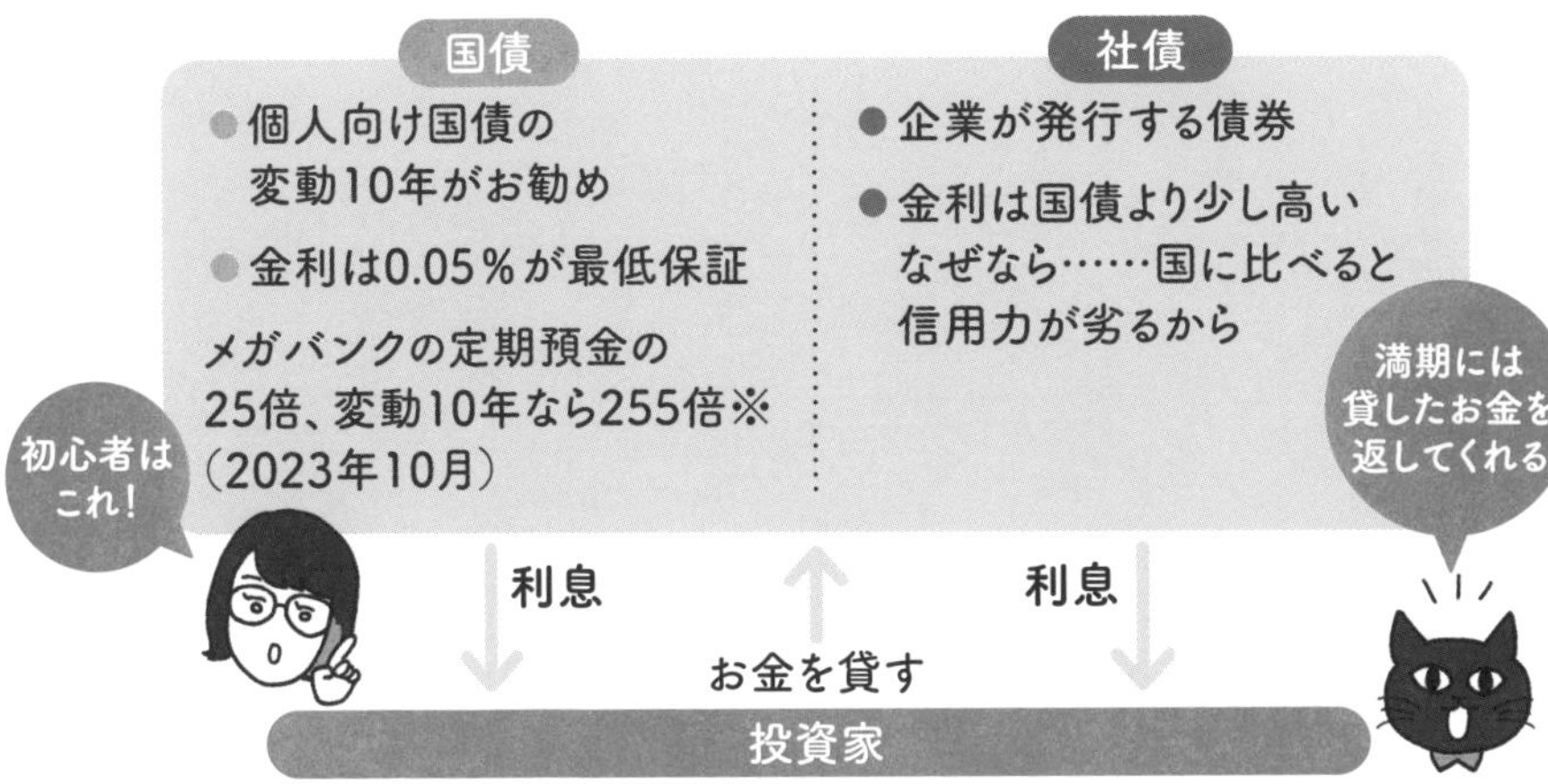

国債
● 個人向け国債の変動10年がお勧め
● 金利は0.05％が最低保証
メガバンクの定期預金の25倍、変動10年なら255倍※（2023年10月）
社債
● 企業が発行する債券
● 金利は国債より少し高い なぜなら……国に比べると信用力が劣るから
初心者はこれ！
満期には貸したお金を返してくれる
利息
お金を貸す
利息
投資家

※：0.51％÷0.002％=255（倍）

預金に毛が生えたようなものなんだね。定期預金しかやったことない人は、個人向け国債からスタートするといいね！

個人向け国債のメリット

・安全性が高い
・1万円から毎月買えて、定期預金より金利が高い
・0・05％の最低金利が決まっている
・約束した期間前の解約でも、国が買い取ってくれる

個人向け国債のデメリット

・最低、1年間は解約できない
・解約すると、解約する前年の利息を返さなければならない
・個人向け国債の金利はインフレ率より低い

第2章

投資について教えてください

しくみづくりからスタート

茶々丸のお母さんもレオのお母さんもお金を貯めたい、っていってるけど、どうしてお金を貯めなければいけないの？

お金は使うために貯めるのよ。

今使えばいいじゃない？

急に家電が壊れたらどうするの？　車を買い替えるかもね。子どもの教育費だって、塾や習いごと、それから大学の費用がずっしりと肩にのしかかるの。でもね。一番大切なのは、老後の生活費を貯めること。国もいってるでしょ。「年金だけではとても足りません。だから自分で老後のお金を作ってね」って。

ひぇー！　いつそんなことといったの？

ちょっと前に、金融庁のワーキング・グループが「老後30年間で約2000万円が不足する」といったことが大問題になったわ。あとで説明するけど、ＮＩＳＡという制度が新しくなったり、確定拠出年金といって自分で年金を作る制度に全国民が入れることになったことがその証拠よ。

なぜなら、国が「公的年金だけでは足りないから、自分でなんとかしてね。そのためのしくみは作るよ」と、私たちに丸投げしたようなものね。公的年金はもらえないことはないけど、今より確実に少なくなる。

「預金だけではとても足りないから、自分で投資をしなさい」と、国がいっているのと同じことだからね。

※ワーキング・グループ……現状の課題を解決するために、調査したり計画を立てたりするチームのこと

ＮＩＳＡ

運用益と売却益が非課税になる制度。ＮＩＳＡを使わないと利益に課税される

確定拠出年金

自分の年金を積み立てる制度。運用益と売却益が非課税になるが、受け取るときは課税の対象になる。

ももちゃん、お金を貯めるしくみを学ぶ

老後か〜。僕にはまだ早い気がするけど……。お金ってどうやって貯めるの？　生活はギリギリだよね。

ももちゃん。もしかしたら「節約して、残ったお金を貯めればいい」って思っていない？

そりゃあ、収入は増えないから、お金を貯めるなら節約しか方法がないよね。

節約というと、家中のコンセントを抜いて回ったり、１００円メニューを考えたりなどいろいろあるけど、無理は禁物。長続きしないわ。今まで給料の全額を使っていた人は、しくみづくりからスタートすることね。まずは、貯蓄体質になる。そのためにしくみを作るのがはじめの一歩。放っておいても貯まるしくみよ。

放っておいても貯まるしくみっ♥

節約のポイントは、好きなことや夢に近いことは節約をしないで、夢から遠いものはいらないと決める。友人と比べてこれが普通とか、今までやっていたからとか、付き合いとか、優先順位の低いものを切り落としていくの。

そのうえで、これから5年間で100万円を貯めようと思ったら、毎月1万7000円を積み立てればいい（100万円÷60か月＝約1万7000円）。100万円は大金でしょ？　でも、毎月1万7000円くらいならできそうよね。目標が決まっているので、ムダにお金を使うことがなくなるわ。余裕があったら、目的別にお金を3つに分けてね。それぞれ、預けておく口座を変えましょう。

①短期間口座：給料の振込口座のように日々の
　生活費に使う口座

②中期間口座：旅行や家電の買い替えなど、5

無理のない節約が貯蓄を生む

年以内に使う口座
③長期間口座：教育費や老後資金など、10年以上使わない口座

どう分けるの？

①月々の生活費は、普通預金
②5年以内に使うお金は、定期預金や個人向け国債
③10年以上使わないお金は、株式や投資信託
毎月1万7000円貯めるんだったら、たとえば、定期預金と投資信託に半分ずつ分けるといいわ。

定期預金って、普通預金よりほんの少しだけ金利が高いんだよね！

余裕があったら目的別にお金を3つに分ける

期間	①短期間	②中期間	③長期間
目的	生活費	5年以内に使うお金	10年以上使わないお金
商品	普通預金	定期預金、個人向け国債	株式、投資信託
ポイント	すぐにお金をおろせる	普通預金よりも、高い金利がつく商品を選ぶ	金額の上がり下がりはあるが、平均して上がっていればOK。配当金がもらえる

固定費を見直すとガッツリ貯まる

ここが肝心だけど、毎月出ていくお金は徹底的にチェックしてね。毎月出ていくお金には2種類あって、まずは家賃や生命保険料など。これらは毎月同じ金額なので固定費というの。それから、食費や電気代みたいに毎月金額が変わるものは変動費と呼ぶわ。

節約するときは、食費や電気代などの変動費から頑張るんでしょ？
いつもかあさんに「電気代もったいない」っていわれてるもんね！

ももちゃん、ムダ遣いはダメだっていう意味よ。
家計の見直しをしようと思ったら、固定費の見直しが節約への近道。固定費は黙っていても毎月引かれるお金のこと。改めて見直してみると、「これは使っていないいな～」というのが必ずあるわ。

どんなものがあるの？

毎月払うスマホ代やオンデマンドのケーブルテレビ代など、使っていないものがきっとあるはず。ほかにも休みがちな習い事、ジムの月会費、あまり乗らない車、保険料の払いっぱなしなど、本当に見直すことはたくさんあるの。解約するのが面倒だし、ひとつひとつはそれほど高くないから、ついつい払い続けてしまうのよ。

レオのママは無料に釣られて漫画読み放題サブスクやっているんだって。でも無料だったのは最初の1週間のみ。一度始めるとやめられないみたいだね。

サブスクは、どれだけ利用しても定額料金だけど、まったく利用しない月でも支払うのよ。手ごろな料金で利用できるサービスが多いから、たくさんのサブスクと契約して結果的に月々の

節約は固定費を優先しよう

固定費

家賃、生命保険、ケーブルテレビ、各種サブスク……。必要のないものを見直して！

ムダ遣い

毎日無意識に使ってしまうお金を減らす。嗜好品もほどほどに！

変動費

やりくり次第で支払額が変わる費用。即効性はあるが長続きしにくい

固定費が高額になってしまう。利用頻度の少ないサブスクは見直しを検討したほうがいいわ。生命保険の保険料についてはあとで話しましょうね。

固定費の見直しのメリット

・解約手続きが必要なため変動費と比べて面倒だけど、一度手続きをしたあとは、ずっとコストを減らすことができる

・毎月なににお金を支払っているのかわからないと、なにを節約すればよいのかわかりにくい。そこで、家計簿をつけて「見える化」すること。まずは1か月だけでいいので、家計の支出を記録して、どれくらい固定費と変動費としてお金を使っているのかを理解しましょう。省エネ家電に買い替えるのも手！

ＡＴＭ手数料も固定費？

固定費じゃないけど、ムダ遣いよ。時間帯や曜日によっては、１０００万円を預けたときの利息の２００円よりも高くなるから気をつけてね。

Check!

省エネ製品買換ナビゲーション
「しんきゅうさん」

環境省が運営する「しんきゅうさん」は、古い家電を新しいものに買換える効果をわかりやすく教えてくれます。具体的な電気代の削減効果がわかるので、古い家電を使い続けるのと、新しく省エネ家電を買うのと、どちらがよいかを比べることができます。環境省が運営しているので安心です！

【比較できる製品】冷蔵庫、エアコン、テレビ、温水洗浄便座、照明器具・LED照明など

https://ondankataisaku.env.go.jp/shinkyusan/

貯蓄と投資の大きな違い

みんな投資について知りたいっていってる。貯蓄となにが違うの？

貯蓄はお金を蓄えることで、銀行預金が代表的。投資は利益を見込んでお金を出すことよ。株式や投資信託などの購入がこの投資に当たるわ。

銀行の普通預金は自由に引き出せるお金でしょ。こういうのを流動性が高いというの。普通預金は給料が振り込まれる口座よ。日常生活で使うお金をはじめ、すぐに必要となる可能性のあるお金は、自由に引き出すことのできる貯蓄として、持っておくことが大切なの。

投資は自由に引き出せないの？

もちろん、自由に引き出せるわ。でも、少し時間がかかるの。投資した資産は「売却する」という、手続きを行う必要がある。だから現金化するためには3日から5日くらいかかるわね。でも、少し待てば引き出せるから安心してね。

よかった！

投資は値上がりしたり配当金をもらえたり、預金よりも利益を得られる可能性が高いのよ。だから、ある程度先を見越した備えが向いているの。たとえば、教育費や老後資金など、将来のために増やしたいお金は、株式や投資信託などを利用するといいわ。長い期間かけて少しずつ増やしていきましょう。

値下がりするときもあるんだよね？

あるわよ。株式や投資信託は値段が上がったり下がったりするわ。でも大丈夫。あとでどうやって対処するかを教えるわね。

かあさんはシングルマザーでしょ？　僕を保護

「貯蓄」と「投資」の違いとは？

貯蓄

すぐに使うことができる
流動性が高いお金

投資

中長期的な目線で
増やすためのお金

してくれた由比君（息子）を大学まで出したんだよね？　どうやって教育費を貯めたの？

正直にいうと、最初のころはお金の知識がなかったから、学資保険に入ったの。医療特約もついていたから元本割れするタイプだったけど、そんなことにも気がつかなかったわ。でもね、ファイナンシャルプランナーの勉強をしていて気がついたの。金利が低いので、学資保険では増えない。おまけに掛け捨ての医療特約で毎月お金が消えていってるって。

学資保険：子どもの教育資金の準備を目的とした貯蓄型の保険。契約者である親が死亡したときは保険料が免除になるが、契約した教育資金や満期保険金は約束どおり受け取れる

医療特約：入院したときに入院給付金や手術給付金を受け取れる

掛け捨て：貯蓄性のない保険（↓P127）

かあさんは最初からお金のプロじゃなかったんだね？

そう、無知だったわ……。

それを知ってすぐに保険は解約。毎月1万円ずつ投資信託と定期預金の積立を始めたのは由比が10歳のころだった。18歳で大学に入学したとき、その投資信託は投資した金額の1・2倍になっていたから迷わず解約して学費を払ったのよ。2万円を10年貯めると、元本だけで240万円になるわ。子育て中のみなさんは、児童手当を上手に使ってほしいわね!

よかったね〜!
ところでかあさん、ファイナンシャルプランナーって儲かるの?

儲かりません!
節約して、締めるところは締める! 投資をする! メリハリの利いたお金の使い方をする!!
ひたすらこれに徹しているわ。

お金の知識があるからできるんだね!

みんなできるわよ。

児童手当

中学校卒業まで(15歳の誕生日後の最初の3月31日まで)の児童を養育している人

児童の年齢	児童手当の額(1人あたり月額)
3歳未満	一律1万5000円
3歳以上 小学校修了前	1万円 (第3子以降は1万5000円)
中学生	一律1万円

※所得制限あり。特例給付として月額一律5000円を支給する　2023年現在

“投資”ってお金を投げるんでしょ？

投資ってお金を投げることだよね？　捨てちゃうの？

確かに、東北のほうでは「投げる」という言葉は「捨てる」という意味で使うわ。でも、お金をどこに向かって投げると思う？

株式かな？　銀行を飛ばすやつかな？（→P39）

あはは、債券ね！
投資は株式や投資信託などの商品を買うこと。かの金融庁はこういってるわ。
「投資とは、利益を見込んでお金を出すこと」

ほー！　なんかかっこいいね。

投じるという言葉には、「資金・労力などを惜しまずつぎ込む」とか、「うまく利用する」という意味があるの。

投資はギャンブルじゃないんだね！

違うわよ！　投資の目的は、お金を増やすこと!!
でも、投資は株式や投資信託を買うだけじゃないの。たとえば、「自分に投資する」という言葉を聞いたことない？

洋服買ったり、アクセサリー買ったり？

違う……。自分への投資は、自分の能力や人間性を成長させるために行うことをいうの。勉強したり、人脈を作ったり、いろいろあるけど、将来的にリターンが期待できることに取り組むのが自己投資なのよ。たとえば「2000円の本を買って勉強したら、収入がアップした」。これも立派な投資になるわ。
私もファイナンシャルプランナーの勉強をしたおかげで、資産が増えたし、仕事も増えた。立派な自己投資でしょ！　でもね、資格学校に何十万円も払ったわ〜。それだけじゃない。大学院にも行ったから何百万円だ〜！　このように、自己投資のためにもお金を貯めておかないとね。

投資は「利益を見込んでお金を出す」こと

資産運用や自己投資など、幅広く使う言葉。
お金を投じることで、なんらかのリターンを得ることをいう。

銀行に行ってはいけないこれだけの理由

早速、銀行に行って相談するようにみんなに話してくるね！

いいえ、銀行へ行ってはいけません！

え、なんで？　お金のプロが無料で相談に乗ってくれるんだよ！

ももちゃん「タダほど高いものはない」って、意味わかる？

タダでしょ？　全然高くないじゃん。やっぱりタダはいいよね。無料セミナーとか無料相談とか最高！

「タダより高いものはない」の意味は、無償で何かをもらうと、お礼にお金がかかったり、頼まれごとを断りづらくなったりで、かえって高くつくということなの。だから無料相談や、牛肉

タダのチーズはネズミ捕りにしか置かれない

「タダ」だからといって、目先の餌に釣られて手を出してしまうと痛い目にあうことに。「無料相談」に惹かれてうっかり銀行に足を運んでしまうと、銀行が売りたい手数料の高い保険や投資信託を強引に勧められて、断り切れずに買わされるハメになりかねません。

プレゼントなどに釣られてしまうと、必要のない商品を売りつけられてしまうかもよ。

でも、やっぱり無料相談は魅力的だってみんないっているけどな～。

ロシアでは、「タダのチーズはネズミ捕りにしか置かれない」と警戒されているわ。チーズはお金を払わないと手に入らないものでしょ。無料でチーズを食べようとするネズミ（＝人間、猫）は、捕まって代償を払わされるのよ。

ひぇー、代償ってなに？

手数料が高くて必要のない保険に入らされたり、手数料の高い投資信託を売りつけられたりするの。

必要のないものを買うなんて信じられないよ！

銀行が販売する、大損する商品とは？

自分から銀行へ相談に行くこともあるでしょうけど、自分から行かなくとも営業されることもあるの。銀行は顧客の口座にどれくらいお金が入金されたか、全部わかるわよね。これを利用する。保険金や退職金の支払い、つまり大きな入金があったときね。そんなときはすかさず営業を仕掛けてくる。電話攻撃、手紙攻撃よ。しかも手書きで来るわ。手土産持って家まで押し掛けるケースもあるからね。

どうして？

銀行が儲かる金融商品を売るために決まってるでしょ！

お客さんが儲かる金融商品じゃあないの？

まさか！

今、ＮＩＳＡ口座の獲得合戦が始まっているけど、ＮＩＳＡ口座って銀行にとって全然儲からないわ。なぜ、獲得合戦をしているのかっていうと、ＮＩＳＡ口座を突破口（無料のチーズ）にして、ほかの金融商品を売るきっかけにしようと考えているのよ。

ええっ……（プルプル、桃太郎震える）。

次に外貨建て保険のお話をするわ。外貨とは外国のお金のことよ。たとえば、アメリカなら米ドル。イギリスならポンドね。外貨建て保険は、米ドルなど外貨で運用する保険のことよ。銀行に資産運用の相談に行くでしょ。そうすると、こんなことをいわれるの。
「お客様は資産が毎日変動して、一喜一憂する商品と、資産が着実に積み上がっていく商品とではどちらがお好みですか？」

そりゃあ、資産が着実に積み上がっていく商品だよね？　着実ってどういう意味だっけ？

確実に増えていくという意味よ。
ももは、銀行員がどの商品に誘導していたかわかる？

自分で選んだんだよ！

ブッブー！　この表現はふたつ目の商品に誘導しているわ。一喜一憂する商品は、投資信託のことで、着実に増えるのが外貨建て保険のこと。これは、「投資信託と外貨建ての保険のどちらがいいですか？」って聞いているのよ。このいい方、ずるいわよね。外貨建て保険に誘導しているのが私からは見え見えよ！　覚えておいて。一喜一憂するなんて不安をあおるときは、何かを売りつけようとするときなの。ところで、銀行はどうして、外貨建て保険を売りたいと思う？

お得な商品だから！

銀行にとってお得な商品ね。思い出してね。銀行の本業は、私たちのお金を又貸しして利ザヤを儲けることだったわね？

そうだったね。

でも、日本は低金利だったから、利ザヤを儲けるといってもほんのわずかしか儲からないの。そ

こで、銀行は保険を売るというアルバイトを始めました。投資信託を売るアルバイトはずいぶん前からやっていたのだけどね。

ももちゃん、アルバイトするなら時給が高いほうがいいでしょ？

もちろん♪

最近は購入時の手数料が無料の投資信託が増えてきたし、もともと購入時手数料は１％から３％くらいだったの。そこで、銀行は保険を売ったほうが儲かると考えたのよ。

外貨建て保険の手数料は７％くらいだから、１００万円分の保険に入ると７万円が銀行の収入になるわ。投資信託だと同じ１００万円を売っても、儲けは１万円から３万円。銀行は手数料の高い外貨建て保険を売りたい。で、さっきみたいに誘導してくる。だから銀行へ相談に行ってはいけないの。

それから、投資信託を勧めてくることもあるけど、銀行員が勧めてくる投資信託は、必ず手数料が高いから気をつけないと。具体的にどこに気をつけるかは、投資信託のところで説明するわ。

お願いします！

抱き合わせ販売にご用心

それから、抱き合わせ販売にも気をつけること！　セット販売ともいうわ。

抱き合わせ販売？

抱き合わせ販売は、ある商品を販売するときに、ほかの商品と一緒に購入することを条件とすること。たとえば、私たちは金利の高い定期預金に魅力を感じるわよね。5％の定期預金なんてどう？

サイコー！

実際にあるのよ！　5％の定期預金が。具体的には私たちが欲しい定期預金5％の商品と、あまり積極的に買いたくないような商品。たとえば、投資信託や外貨預金をセットにして販売することなの。

抱き合わせ販売は、不要な商品の購入を消費者に強制することになり、独占禁止法の「不公正な取引方法」のひとつに挙げられているわ。

えっ!

たとえば、下の説明書は50万円以上で定期預金と投資信託を半分ずつ買うなら、定期預金の金利を5%にしてあげますよ~って書いてある。

でも説明書をよく見てね。5%の金利をくれるのはたった3か月間のみ……と小さな文字で目立たないように書いてある。

金利は1年間あたりで書くルールがあるの。でも3か月だからたった1・25%ね。

5%×3÷12月=1・25%

おまけにセットになっている投資信託は、販売手数料が3・3%など、手数料が高くて買って

抱き合わせ販売に手を出さないこと!

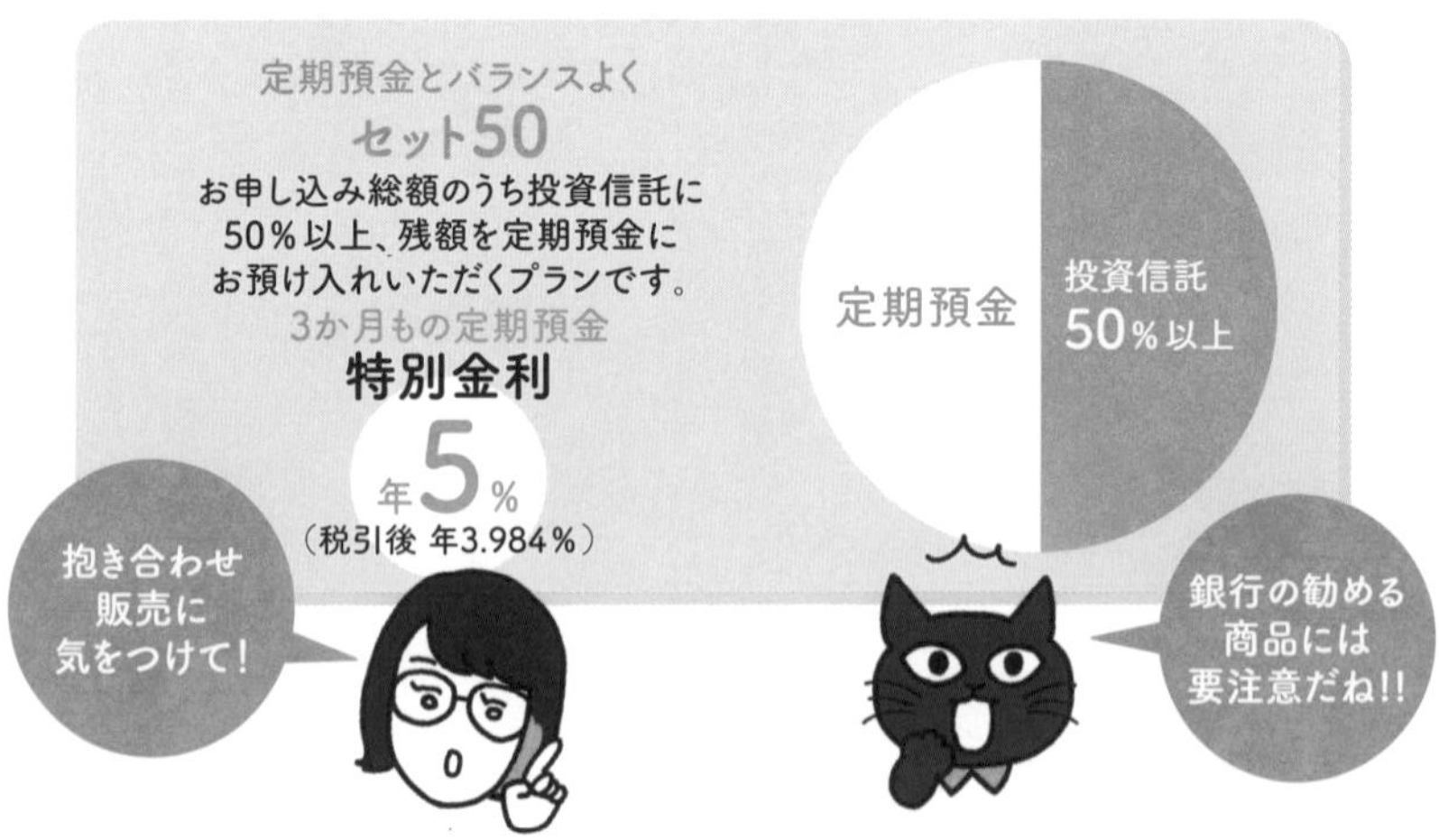

定期預金とバランスよく
セット50
お申し込み総額のうち投資信託に
50%以上、残額を定期預金に
お預け入れいただくプランです。
3か月もの定期預金
特別金利
年5%
(税引後 年3.984%)
定期預金
投資信託
50%以上
抱き合わせ
販売に
気をつけて!
銀行の勧める
商品には
要注意だね!!

はいけない投資信託がほとんどだから気をつけないと。
銀行は定期預金の金利を5％払っても投資信託を売ることで利益が出るわ。

なんか銀行のイメージが変わった……。
ところで3か月経つと定期預金の金利は何％になるの？

0・002％よ……。

銀行が販売する商品で大損しないための心得

・無料相談には行かない。タダのチーズはネズミ捕りにしか置かれない
・銀行の勧める商品は、手数料が高いのでご用心
・セット商品は、売れ行きの悪い商品とよい商品をセット販売すること。定期預金の金利を高くしているのは、投資信託や外貨預金を販売することで元が取れるから

第3章

円高と円安がよくわかりません

知ってるようで知らない円安の意味

外貨建て保険や外貨預金（外国のお金で行う預金）のお話が出てきたので、そろそろ為替の勉強をしましょう。

為替って？

円高とか、円安とか聞いたことない？

ある～。今、円安なんでしょ？

よく知ってるわね。じゃあ、円安ってどういう意味かな？

はーい。円が安いことです！

円がなにに対して安いのかな？　円安になると、どういうことが起きますか？？

……。

円安になると、ももちゃんのご飯がまずくなるのよ！

ヒィー!!

最近ニュースでよく円安という言葉を耳にするようになったわね。なんとなくわかる人は多いと思うけど、そのしくみや影響までは理解できていないかもしれないわ。

円安は、文字どおり円が安くなること。ももちゃん、ご正解！　じゃあ、なにに対して円が安くなるのかというと、外国のお金に対して安くなるのよ。

やっぱりわかんなーい！

外貨建て資産を持っていると円安で儲かる

円安を知るためには、為替レートについて説明するわね。為替レートは、日本と外国のお金を交換するレートのこと。たくさんの国があるけど、今回はアメリカのドルと円のレートについてお話しするわ。

ドルと円は、１ドル１００円というように表示されるけれど、１ドル＝１００円は円高？　円安？

ぜんぜんわかんない……。

そう、わからないのが正解。私にもわからないわ。

意地悪！

円高になった。あるいは円安になったというのは、２つのレートを比べないとわからないの。た

とえば1ドル100円のときと比べて、円の価値が強くなっているか弱くなっているかを見る。では、1ドル=100円のときに、1ドル札に交換しました。このときは、100円と1ドルが同じ価値だということよ。

はーい！

そして月日は流れ、ある日、1ドル=140円となりました。140円のときに、持っている1ドルを両替しに行ったら140円もらいました。ね、円安になると40円の利益が出るのよ。

待って！　円が安くなったのに140円って？40円も高くなってるけど？？

確かにわかりにくいよね（笑）。円安、円高とい

為替は円と外貨の交換レート

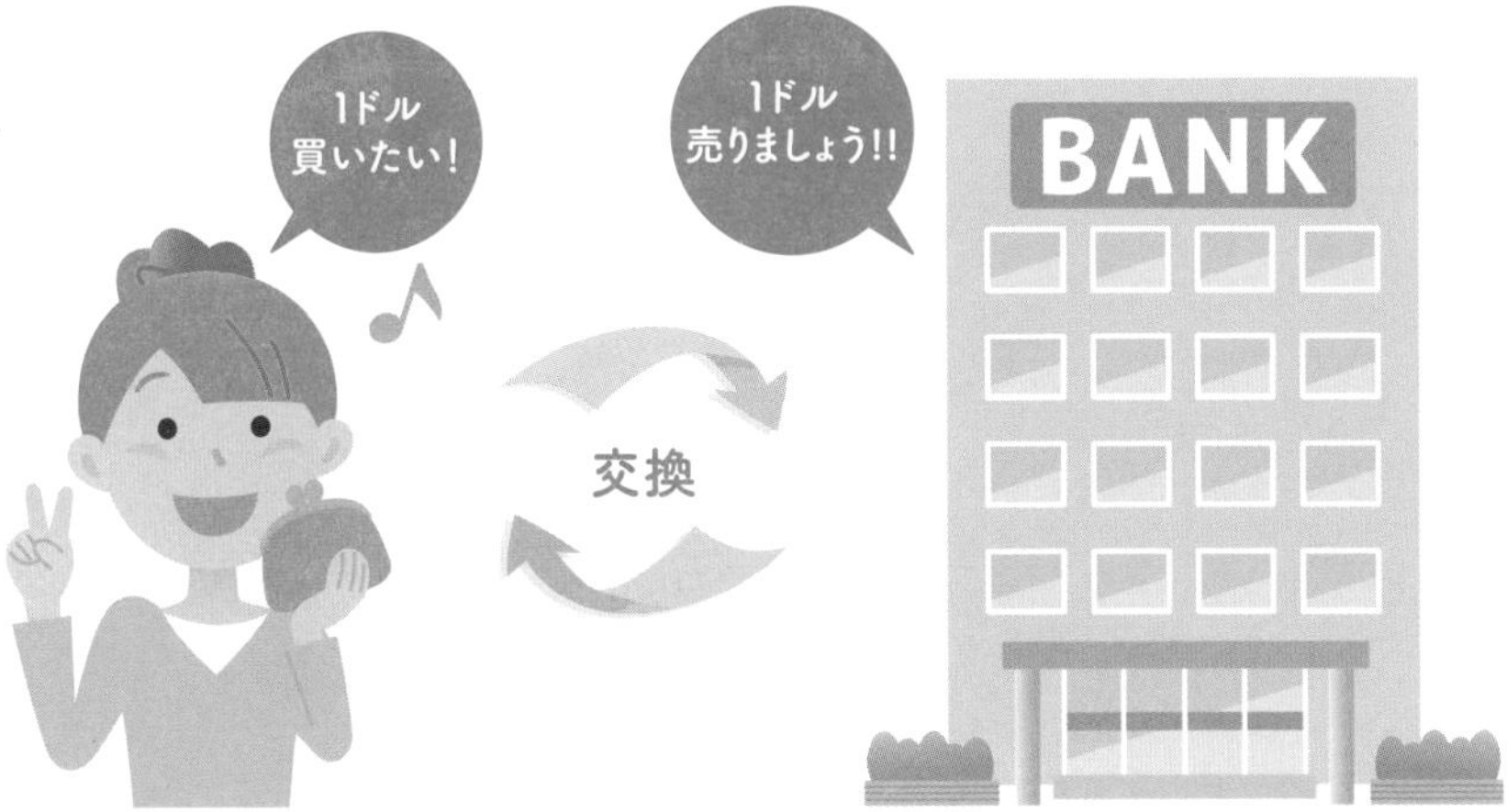

ういい方をするけど、ひっくり返して「ドルの値段」で考えてみればわかりやすいわ。円安の意味は、ドル高と同じことなの。片方が高ければ、必ずもう一方が安くなるのよ。

ふ〜ん。

では、こう考えてみて。
1ドル札を持っていました。この1ドル札は100円と交換したものです。やがて、ドル高になって、1ドルの価値が140円になりました。両替屋さんに持っていったら、140円もらいました。もともと1ドルは100円で買ったので、40円儲かりました。

わかったー！
1ドルの値段が高くなるのが「ドル高」で、そ

「円安」と「円高」ってなんですか？

為替レートが1ドル＝100円から変化した

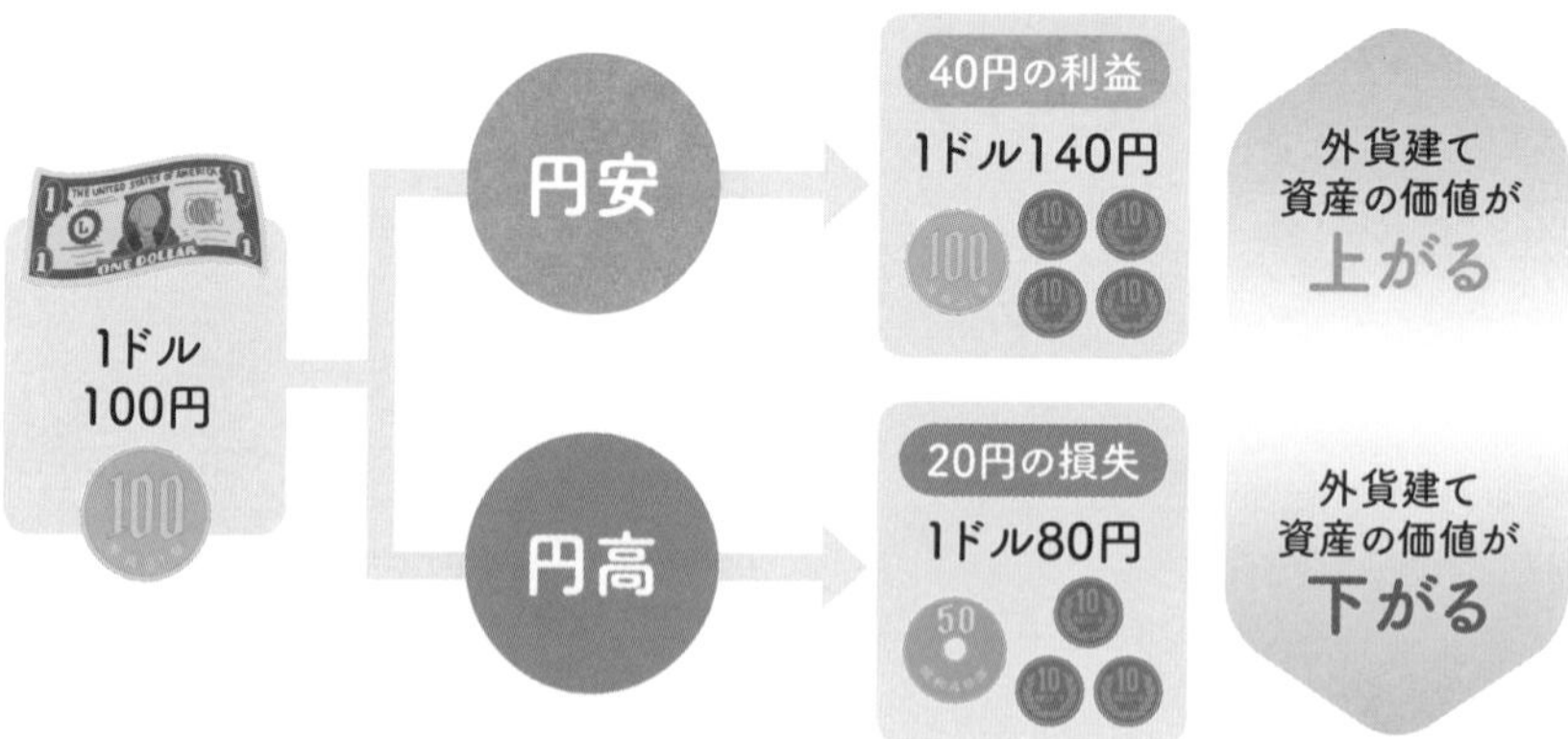

の裏返しが「円安」なのね。そりゃあ、ドルを持っていてドルの価値が高くなるんだから儲かるよね！ ドル高っていえば、わかりやすいのにねー！

よくできました！

まとめ

・円安とは円の価値が安くなってしまい、より多くの円でドルを買わなくてはならないこと
・外貨建て資産を持っていると、円安で儲かる
・円安とドル高は同じ意味なので、ドル高のときにドル建ての資産を持っていると儲かる

円安とドル高は同じ意味

円安だとインフレになるからくり

話をインフレに戻すわよ。ももの好きな缶詰は、インフレになったから値上がりしたんだよね。インフレはモノの値段が上がることでしょ。でもね、単にモノの値段が上がったのではなく、円安になったから上がったとも考えられるの。

ドル高になったからね。どうして？

さっき、アメリカのお金と日本のお金の関係を話したけど、今度はとうもろこしを例にお話しするわね。

とうもろこし？？

日本の食料自給率はたった38%（２０２２年度）で、足りない分は外国から輸入している。ある日のとうもろこしを輸入するときの値段は、１kg１００円でした。ここからスタートね。

うん。1kg100円ね。わかった。

ところが、円安になったのでとうもろこしは1kg140円になってしまいました。これまで1kg100円で買っていたとうもろこしが、40%も高くなったのよ。これが少し前に、日本でインフレが起こったからくり。だから、景気がよくなったわけでもないのに、突然モノの値段が高くなったの。

そうなんだ……。

夏になると、八百屋さんの店先にとうもろこしが並ぶわよね。これは国産のとうもろこしが多いわ。でもね、缶詰とか、鶏や豚、牛などの家畜のエサまではとても手が回らないの。これらはぜ〜んぶ輸入に頼っているのよ。だから、と

とうもろこしで考える「円安」と「円高」

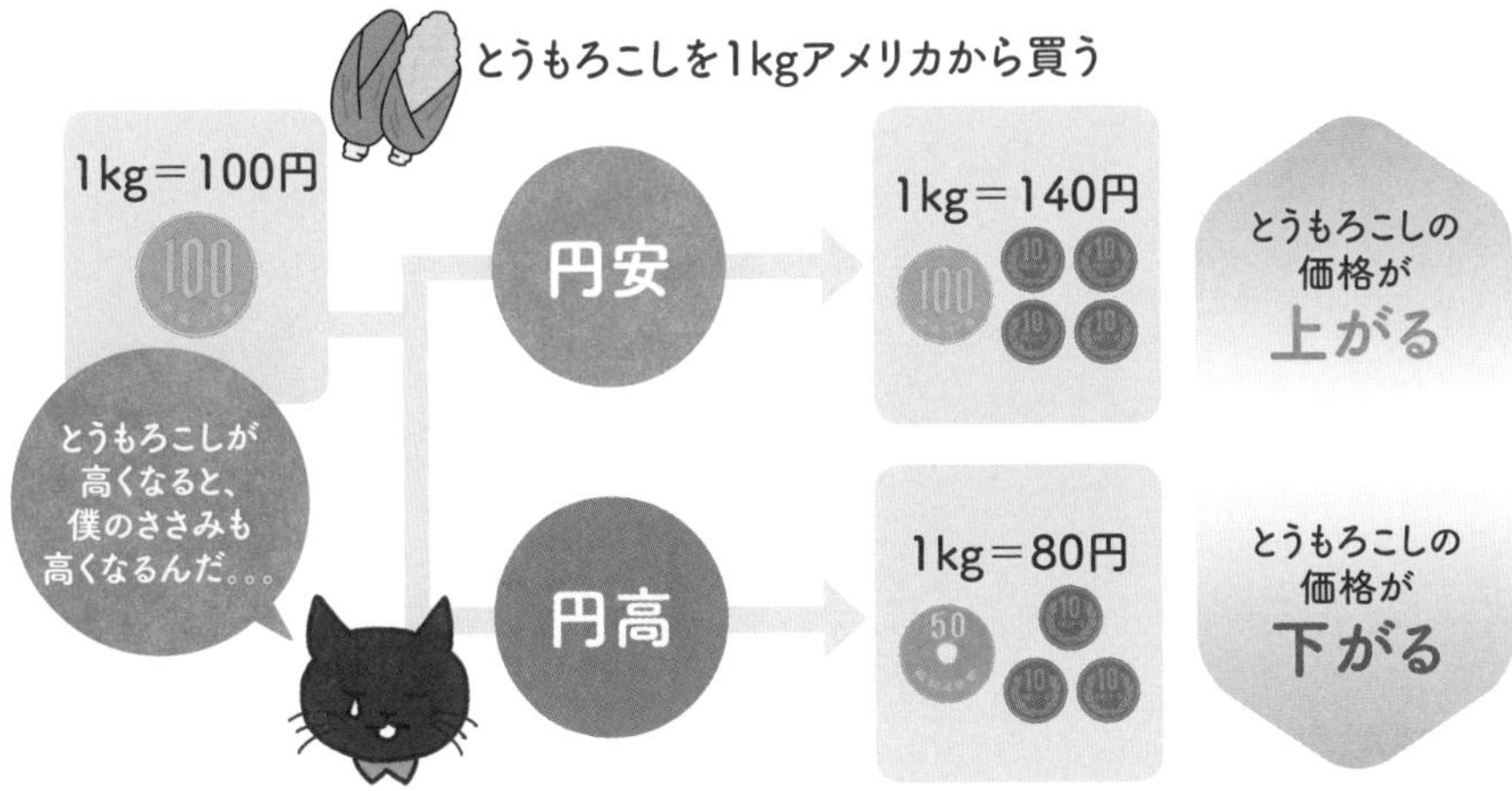
とうもろこしを1kgアメリカから買う
1kg＝100円
円安
1kg＝140円
とうもろこしの価格が上がる
円高
1kg＝80円
とうもろこしの価格が下がる
とうもろこしが高くなると、僕のささみも高くなるんだ．．．

うもろこしの値段が上がると、鶏肉、卵、豚肉なども値上がりするわ。

あ！　僕のささみも!!

そのとおり！
ところで、卵の黄身はどうして黄色いのかわかる？

なに当たり前のこといってるの？　黄色いから黄身でしょ。

違うわよ。鶏がとうもろこしを食べているから黄色いの！
インドの鶏は米を食べています。黄身の色は？

白？　まさかね……。

当たり！　とうもろこしがなければ、お米で鶏を育てればいいのにね。

真っ白な目玉焼きに、真っ白な卵焼き。いやだー！

平飼いの鶏の卵の色は薄いわよ。虫とか葉っぱなどを食べているので、強い黄色やオレンジ色が出ないのよ。
でもね、パプリカのパウダーを鶏にあげると、濃いオレンジ色になるわ。実際にそういう卵も販売されているの。

……。

″よいインフレ″と″悪いインフレ″の意味

ももちゃん、インフレにはよいインフレと悪いインフレがあるのを知ってる？

？？？

よいインフレは、景気がよくて給料が上がって、みんなが欲しいモノが買えるようになったことで、商品の値段が上がること。一方、悪いインフレは、円安が進んでとうもろこしや小麦とか、ガソリンなどの値段が上がって、結果的に商品の値段が高くなることをいうの。悪いインフレの場合は、給料は上がらないから生活が苦しくなる。

もしかしたら、日本は悪いインフレってこと？
ガソリン代も灯油代も上がった。電気代もガス代も上がった。政府が補助金を出していても上がってるんだよね？　食べ物も、ささみの缶詰も、円安だからでしょ？

そうよ。
日本は最初、輸入インフレといわれていたの。円安になったことで、小麦やガソリンの元となる原油など輸入している商品が高くなったことがきっかけね。どちらかというと悪いインフレ。でも、最近ではコロナの反動から、みんながモノを買うようになったり、外国人の観光客が増えたりしたわ。会社の業績がよくなって、人手不足から時給も上がってきたの。２０２３年は賃上げラッシュで、多くの企業で働く人の給料も上がっているし。少しずつよいインフレになってきたのかな。

そうなの？

でも一方で、「日本人は貧乏になってきた」と感じることもあるわ。なぜなら、最近、ネットの

よいインフレと悪いインフレの違い

よいインフレ

デマンドプル・インフレ

景気がよくモノがたくさん売れると、モノ不足に。その商品が値上がりするインフレをいう。需要は、その商品を買いたいという気持ち。みんながその商品を買いたがるので、値上がりする。

「需要がインフレを引っ張ってくるイメージ」

会社の売上が増えて給料も上がる

悪いインフレ

コストプッシュ・インフレ

円安により、エネルギーや小麦などのコストが値上がりして起こるインフレをいう。

モノを生産するためのコスト（電気代など）や給料が値上がりして、その商品が値上がりする。

「コストがインフレを加速させるイメージ」

記事で「月5万円の年金生活でも豊かな人生」とか、「月8万円でひとり暮らしするお金を使わない生活習慣」とか、「夫婦13万円で豊かに暮らす」みたいに、収入が少なくても幸せに暮らそう！　という内容が増えてたのが目立つのも事実。

悲観的なこといわないでほしいね！

そうね！

円の金利が低いと円の価値が下がる⇓円安

かあさん、そもそもどうして円安になったかを詳しく教えて。

はいはい、基本が大切！　円とドルのレートはいつも変化をしているの。２０２２年のはじめのころは1ドル＝１１５円くらいだったんだけど、３月ごろから急に円安が進んできた。10月中ごろには、一時１５０円台になって世の中が驚いたわ。これにはいろいろ原因があると思うけど、第一にいえるのは、日本の金利がものすごく低くて、アメリカの金利が高いこと、つまり、日本とアメリカの金利に大きな差があることが原因よ。

金利の差？

そう。日本の金利は０・００２％。アメリカは5％。日本の銀行に預金しても日本の国債を買っても、ほとんどお金は増えないでしょ。でも、アメリカの国債を買って運用すると、１年間で5％を軽く超えるんだから……。

外貨預金やアメリカの国債で運用したくなるよね。

ドルで運用したほうがお得なので、世界中の人がドルを買う。そうするとドルの価値が上がって、ドルが強くなる。ドル高という意味ね。

難しい……。

じゃあ、今度は物の値段でお話ししましょう。たとえば、何か価値のある商品で、さらに数が少ししかない商品をレア物って呼ぶの。レア物はめったに手に入らない珍しいアイテムのことよ。ビンテージや有名人が使った物などもあるわ。レア物はみんなが買いたがるので、どんどん値段が高くなる。オークションをイメージするといいわね。

わかる！

反対に、みんながいらない商品の価値は低くなるわ。商品が売れ残ると在庫一掃セールで値段が下がるわよね。

つまり、みんなが欲しがる商品の値段が上がって、みんながいらない商品の値段は下がる。

はい。

ドルの金利は高いから、みんながドルを欲しがる。そうすると、ドルの価値が上がって、ドル高になるのよ。でも、円は金利が低いからみんないらないの。私たち日本人でも「アメリカの国債で運用しようかな」と思ったら、自分の持っている円をドルに両替するでしょ？

そうだね！

両替はね、円を売ってドルを買うという意味なの。みんなが円を欲しがらないので、円が余って円の価値が下がる。つまり、円安になる。一

アメリカドルの月平均価格

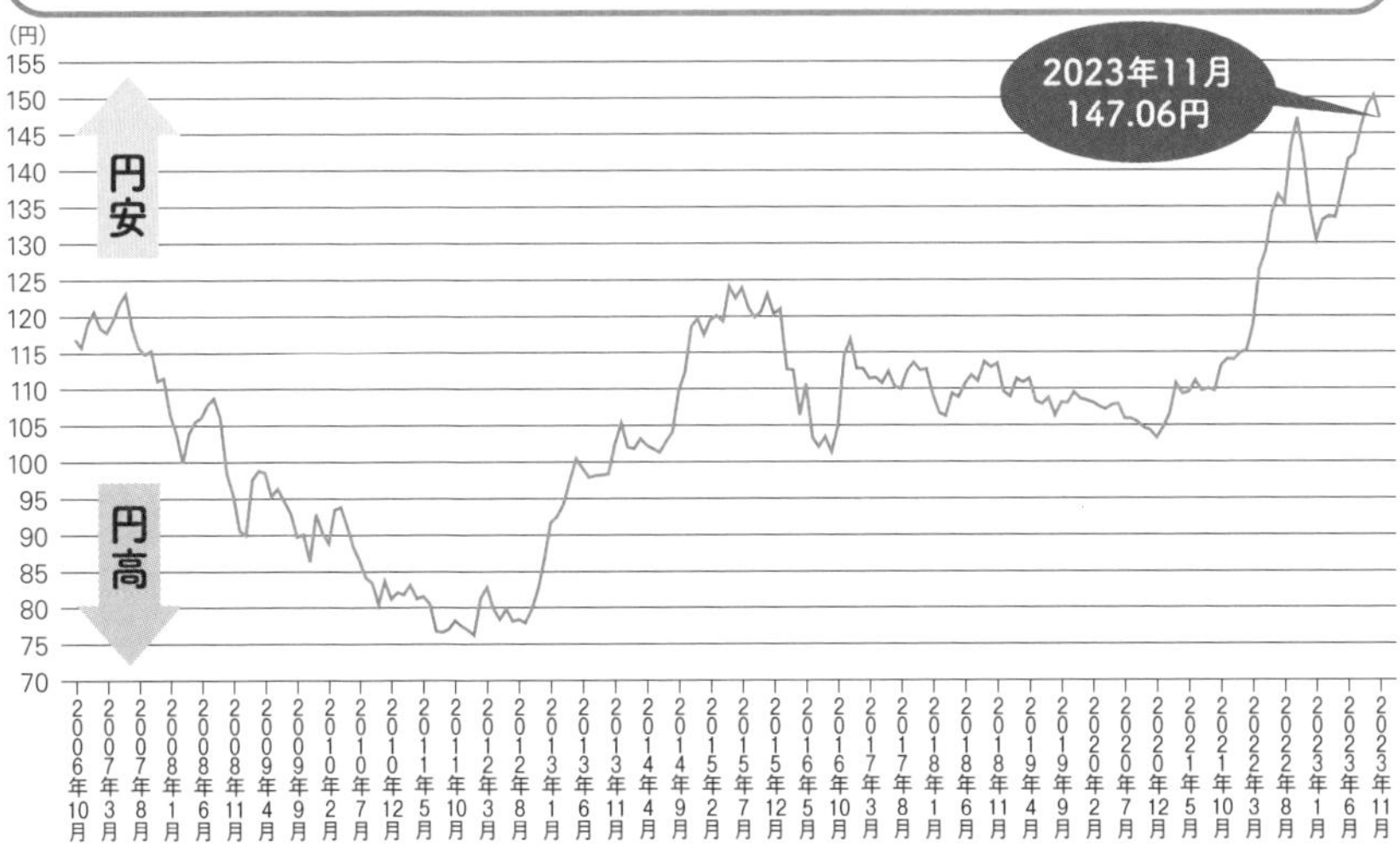

出所：日本銀行ウェブサイトのデータより作成

方、みんなが金利の高いドルを欲しがるから、ドルを買う。ドル高になる。

こうしてドル高円安ができ上がるのよ。

そりゃあ、0%より4%とか5%のほうが魅力だよね！

まとめ

・円安になった理由のひとつは、アメリカと日本の金利の差が大きくなったから

・アメリカの金利が高いから、みんながドルを欲しがって、ますますドル高になった

・ドル高=円安

米国と日本の2年国債利回りと、日米金利差の推移

出所：QUICKより楽天証券経済研究所が作成

外貨預金がお得ではない理由

なるほどー、金利差ね！ ドル、いいね。じゃあ、外貨で預金しようかな。外貨預金について教えてー！

外貨預金のしくみ自体は日本の預金とまったく同じよ。違うのは、外貨で運用するところだけで、普通預金と定期預金があるわ。

へ〜。

ただし、日本円の定期預金と違って、満期前の途中解約できないケースがあるので気をつけないと。

まぁ、外貨預金なら安全だねー。

安全ということは、利益が少ないことだってわかる？

えっ？

外貨預金のしくみについて説明するわ。
ある日本の銀行の米ドル外貨定期預金の金利が０・６％って書いてありました。でもこの日のアメリカの国債1年物の利回りは５・４％なの（２０２３年10月20日）。銀行はアメリカの国債を買って５・４％の金利をもらう。そして、私たちに０・６％の金利を払う。差額の４・８％はどこに行っちゃったのかしら？

５・４％－０・６％＝４・８％

銀行の儲けだ！　ありえない!!

ネット銀行や最近の金利はもう少し高いと思うけどね。
さっき、外貨で運用するためには、自分の持っている円をドルに両替するっていったでしょ？　両替するときにも、さらに高額な手数料を取られるから気をつけないとね。

高額な手数料!? 4・8%も黙って懐に入れたのに！「盗人猛々しい」とはこのことだね。

あはは。大きな銀行では、1ドルにつき1円が為替手数料。手数料が1ドル1円ということは、1ドル100円でも120円でも1円が為替手数料になる。ということは、たとえば、1ドルが120円のときは0・833%が手数料になる計算よ。100円なら1%ね。ネット銀行なら50銭など、少し安いわ。

1円÷120円×100＝0・833……%
1円÷100円×100＝1%

そっか〜。でも仕方ないよね。

ももちゃん、ちょっと待って。ドルでお金を持っていてどうするの？ 海外旅行に行くならともかく、円に両替しないと使えないでしょ。この為替手数料は2回払う。

なんで？

1ドル＝120円のときの為替手数料

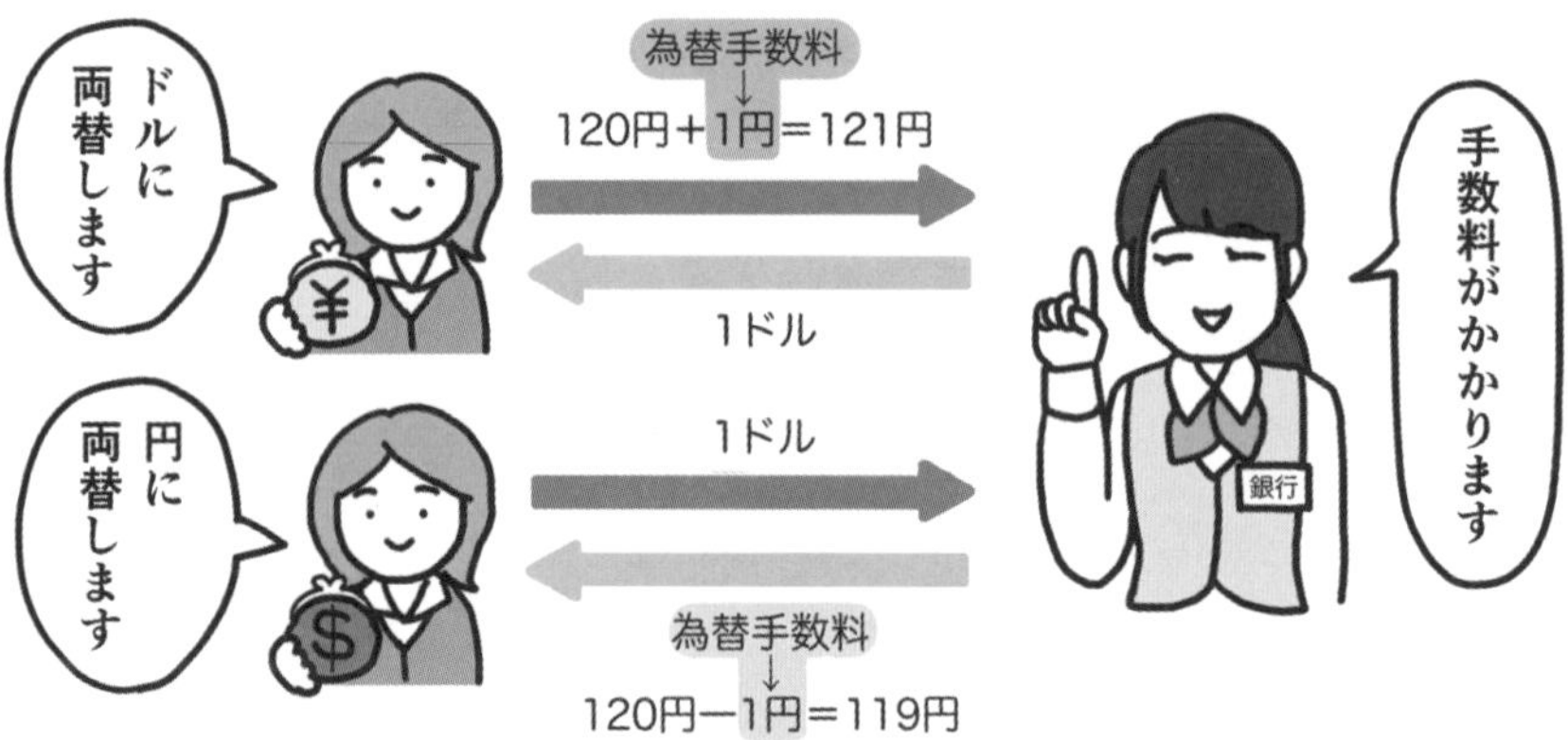

外貨預金をするために円をドルに両替する。
満期になったのでドルを円に両替する。
これだけで1ドルにつき2円も損する！

最初に円をドルに替える。満期になったらドルを円に替える。手数料は2回。外貨預金をスタートするときと満期のときの為替レートが120円で変わらない場合、0・833％の2倍の1・666％が自動的に手数料に消えるのよ。たとえ、「金利2％。円の預金より高いからお得！」って書いてあっても、手数料でほとんど消えて残らないわ。

2％－1・666％＝0・334％

いやだー！

だからさっき、銀行には行ってはいけないっていったでしょ。

でもね、問題はそれだけじゃないの。1ドル120円で外貨預金を始めたとして、その後1ドル110円になったらどうなると思う？

えっと。120円から110円になる。円高になる＝ドル安になる。僕はドルを持っているから、損をする！！！！！

円高でも円安でも銀行は儲かる

外貨預金は為替手数料が高く、円高でも円安でも銀行が儲かるしくみになっています。金融機関によっては（為替手数料で儲けようと）満期になると必ず円に両替することを義務づけているところもあるので要注意。

正解。ドルを持っていてドル安になるんだから損するわね。でも、反対にドル高になると利益がでるわ。このように外貨預金は為替レートの動きによって損をしたり、得をしたりするの。

じゃあ、満期が来たときに円高だったら、どうするの？

外貨のまま外貨預金に預け直して、円安になるのを待つしかないわね〜。でも気をつけて。金融機関によっては、満期が来たら必ず円に両替することを義務づけているところがあるわ。ずるいわよね。両替手数料で儲けようとしていることが見え見えよ！

まとめ

・外貨預金とは日本の銀行に外貨で預金すること
・外貨預金は手数料が高いので、損をする
・ネット銀行は大きな銀行（メガバンク）より手数料が低いが、銀行だけが儲かるしくみは同じ

銀行員お勧めの外貨建て保険は買いか？

外貨預金がダメなら、銀行員お勧めの外貨建て保険はどうなの？　金利が4・20％って書いてあるよ！

それはでたらめよ！　そもそも、金融知識の乏しい人からお金を巻き上げる目的で外貨建て保険を作ったのよ。

でたらめなんて、嘘だ。ホームページにしっかり4・20％って書いてあるもん！

からくりがあるのよ。

わかりやすいように、100万円をいっぺんに払う外貨建て保険の説明をするわ。まず、外貨建て保険を保険会社が作って、それを銀行に販売してもらう……ということは、保険会社と銀行の両方の手数料や儲けが必要になるわよね？

ボランティアじゃないの？

まさか。高額な手数料を徴収される。でも、一般の人にはわからないようになっているの。ももちゃんの見た保険会社のホームページ。確かに、予定利率が４・20％って書いてあるわね。でもこれは金利じゃないので気をつけて。そしてこの日のこの保険会社が提示した為替レートが１ドル１４３・13円。

そう、外貨建て保険に１００万円払う。で、１ドル１４３・13円ということは？

１００万円を１４３・13円で割ってね。

１０００００００円÷１４３・13円＝６９８７ドル？

はい、よくできました！　６９８７ドルです。でも、１４３・13円は保険会社が提示したレートなの。この日の実際の為替レートは１４１・76円だから、１ドルにつき１・37円抜かれていることがわかるわ。
両替手数料は１・37円。両替するだけで、９５７２円も取られるのよ。

1・37円×6987ドル＝9572円

いやだー！

さらに、ホームページには5年後の死亡保険金が8288ドルと書いてあるわ。この8288ドルが最低保証される保険金よ。もちろん、そのあとは少し増えるかもしれない。でもね、6987ドルを4・20％で毎年運用した場合、この契約者が死亡するだろう80歳までの40年間ではいくらになるかわかる？

答えは、1万8725ドルよ。でもこの保険の保険金は、8288ドル。おかしいわよね。

ずいぶんな損をしているわよね？

わかんない……。

本当に4・20％の利息をもらったら、40年後には1万8725ドルに増えているの。もし、このときのレートが今と変わらなかったら（143・13円）、268万円に増えているはず。でも、8288ドルだから、118万円しかない。差額の150万円はどこに行った？

どこだろう？　ぜんぜんわかんない……。

おかしいわよね。これが外貨建て保険に入って、大損するしくみよ。でも、みんな気がつかないの。円預金ならほぼ０円だけど、この外貨預金に入ると、１００万円が１１８万円になってうれしいと考えるわ。

ひどい！

もし、この人がこの外貨建て保険に入らないで、１００万円をアメリカの国債で運用したら、40年後には、２６８万円になるのよ。

かあさん、どうやって計算したの？

この日のアメリカ国債の30年が４・２％だったから、ちょうどこの保険のホームページに書いてある利率と同じね。

最初に両替した６９８７ドルに毎年４・２％の金利がつくわ。
６９８７ドル×４・２％＝２９３・４５４ドル（１年）

これを40年だから40倍します。
293・454ドル×40年＝1万1738・16ドル（40年分の利息）
利息を元本と合計します。
1万1738・16ドル＋6987ドル＝1万8725・16ドル（元本と利息の合計）
これを最初の為替レートの143・13円を掛けて円に直します。
1万8725・16ドル×143・13＝約268万円

驚きの2・68倍！
アメリカの国債なら100万円が268万円になるんだ（泣）。
外貨建て保険は、6987ドルが8288ドルになるので、1・18倍になることをありがたがっていた僕がバカだった……。

だから銀行に近づくなっていってるでしょ。正しい運用をしていたら増えたであろうお金は、外貨建て保険に入ることで気がつかないうちに取り上げられるの。
かの金融庁もこういってるわ……。
「外貨建て保険のコストの説明を十分にしていないなどの問題が見つかった」って。
これからは、外貨建て一時払い保険の販売実態について監視を強化するそうよ。

かあさん、金融庁、好きだね。

別に好きじゃないけど。虎の威を借る狐かな？

「お客さんが無知なことにつけこんで、儲けるしくみは許さん！」

かあさんは正義の味方なの♥

ちょっと前にね、森さんっていう金融庁の長官がいたの。当時、ある雑誌で、オーストラリアドル建ての保険を名指しして、こういってたわ。

「お客様からすれば、オーストラリアの国債を買ったほうがお得なのに、情報を十分ディスクローズ（開示）していない。これってとても失礼なことですよね」って！

こういう意味でしょ？
「お客様からすれば、米国債を買ったほうがお得なのに、その情報を隠して、外貨建て保険を売っている。これってとても失礼なことですよね！」

ブラボー！　やるわね、ももちゃん!!

外貨建て保険は、お金の知識が少ない日本人をだます商品だから入ってはいけない！

・外貨建て保険に入るときと、保険金をもらうときとの両方で、両替手数料がかかる
・本当のアメリカの金利はもっと高いのに、外貨建て保険では低く提供されている
・アメリカ国債で運用すると何倍もお得になる

外貨で運用したい人のはじめの一歩を教えます

でもさー、せっかくアメリカの金利が高いのに、外貨預金もダメ、外貨建て保険もダメっていわれても困るよ。

確かに、預金も保険も私たちに身近な商品だから、みんながお金を払うことに抵抗がないと思う。でも、よく考えてみると、円の預金や保険だって、金融機関から搾取されているからね。外貨建てだと、搾取される割合が大きくなるの。

搾取されない外貨建てで運用する方法を教えてくださーい！

ＯＫ！　いきなりアメリカの国債を買うのはハードルが高いと思うので、はじめの一歩は、外貨建てＭＭＦをお勧めしましょう！

ＭＭＦ？　また、怪しそうなやつ……。

アルファベットやカタカナで知らない言葉だと、怪しく感じるわよね。その感覚は正しい。知らない商品や理解できない商品を買ってはいけません！　でも、ＭＭＦは、公社債投資信託という意味よ。公社債は国債と社債のこと。債券と同じね。

投資信託も危険がいっぱいなの？

よく聞いてね。投資信託は専門家が運用してくれるのよ。
公社債投資信託の使命は、「元本を維持し流動性を保ちながら、好収益を得ること」なの。流動性は、すぐにおろせることだったわね。

はい、覚えてまーす！

外貨建てＭＭＦにはいくつかあるけど、アメリカで説明するわね。公社債の意味は、国債とか社債だったわね。外貨建てＭＭＦは、信用力の高いアメリカの国債などで運用しているの。これならいつでも解約できるし、両替手数料も外貨預金などに比べて圧倒的に安い！　おまけに金利が高いの！

そんなにいいの金利？

ほーら。さっきの変な外貨建て保険より、よっぽど高いのよ。いい？　注意してほしいのは、利回りの意味。利回りは1年あたりの儲けよ。この利回りは、今日の利回りだからね。

今日だけ？

外貨建てＭＭＦの利回りは、そのときの債券の利回りに応じて毎日変わるの。アメリカの金利が上がれば、上がる。金利が下がれば、下がるようになっているわ。分配金ももらえる。分配金は月末にまとめて元本に組み入れられるの。だから、効率的に複利で運用してくれるわ。

まぁ、怪しくないというのはわかった……。で、

米ドル建てMMFの利回り（2023年10月20日）

米ドル建てMMF（マネー・マーケット・ファンド）	利回り
ブラックロック・スーパー・マネー・マーケット・ファンド	4.868%
ニッコウ・マネー・マーケット・ファンド	4.734%
ノムラ・グローバル・セレクト・トラスト	4.756%
ゴールドマン・サックス	4.888%

どこで買うの？　銀行？

証券会社！

ひぃ〜、怖い。銀行より怖い！

ネット証券にすればいいよ。あとで口座の開き方を一緒に学ぼうね。ネットなら営業されないでしょ。自分の欲しいものだけ、じっくり考えてから申し込めばいいの。米ドル建てＭＭＦは外国証券だから、外国証券口座を一緒に開くのを忘れないでね。

はーい！

外貨建てＭＭＦは、外貨投資のはじめの一歩

- 外貨預金に比べて、圧倒的に利回りが高い
- 為替手数料が外貨預金の半分から１／４
- 利回りは利息を投資した元本で割って、１００を掛けて計算する

円安でも、外貨に投資してもいいですか？

かあさん、今は何十年ぶりに円安なんだよね？

１５０円を超えたのは32年ぶりですって。

円安の今、外貨に投資をすると、円高になって損をするんじゃないの？

気になるわよね。でも大丈夫。一時的には損するときもあると思うけど、キーワードは、長期、積立、分散よ。お金を運用するときは、積み立てながら増やしていくのが鉄則。ここでは、１万円ずつ毎月米ドル建てＭＭＦで運用するという前提にしましょう。為替レートは、毎月変わる。たとえば、今月１４０円、来月１２５円というようにね。

はい！　毎月1万円をドルに両替する。

1か月目は140円だから71ドル、2か月目は125円だから80ドルというように買っていくのよ。

キャー125円！　円高だ。140円のときに両替した分が大損だよね？

でも、2か月目はたくさんのドルを買えるわ。長い目で見るのよ。4か月目の合計を見て。毎月1万円を払ったから4か月で4万円ね。両替したドルは289ドルよ。

そうだね。

それから、毎月同じ金額のドルを積み立てる方法が下の段に書いてあるわ。上の段と同じ289ドルを4か月で割って、1か月あたり72・25

1ドルあたりのコストを平均化するドルコスト平均法

	1ドル当たり円の値段	1か月目：140円	2か月目：125円	3か月目：150円	4か月目：140円	合計	1ドルあたりの支払額
ドルコスト平均法	円での支払額	1万円	1万円	1万円	1万円	4万円	4万円÷289ドル＝**138.41円** お得
	ドルでの支払額	1万円÷140円 71ドル	1万円÷125円 80ドル	1万円÷150円 67ドル	1万円÷140円 71ドル	289ドル	
毎月同額買付	円での支払額	1万115円	9031円	1万1184円	1万115円	4万445円	4万445円÷289ドル＝**140円** 損
	ドルでの支払額毎月：72.25ドル	140円×72.25ドル	125円×72.25ドル	150円×72.25ドル	140円×72.25ドル	289ドル	

ドルを積み立てるの。最初の月は１４０円だから、72・25ドル×１４０円で、1万１１５円を払う。そうすると、４か月目には合計で4万４４５円払ったことになる。

はい！

大切なことは、同じ２８９ドルを得るために、いくらの日本円を払ったかということよ。わかりやすいように、1ドルあたりで計算したの。上の段は、1ドルあたり１３８・41円。一方、下の段は１４０円ね。

同じ２８９ドルを得るのに、上の段の方法がいいってことだね。

1ドルあたりのコストを平均化できるから、ドルコスト平均法って呼ぶのよ。

さっきももちゃんは、今は円安だから、円高になるのが怖いっていったわよね？　１４０円のときは1万円で71ドル分しか買えないけど、１２５円なら80ドル。円が強いからたくさんのドルと取り替えられるの。その後、円安になったので、結果的に1ドルあたりのコストが平均されて１３８・41円ですんだのよ。だから、円高になることは怖いことではないの。

円高もいいことなんだ！

円高になっても、積立投資を続けていくと、結果的に多くの外貨建て資産を買うことができるわ。為替は上がったり下がったりの繰り返し。これはたったの4か月だけど、為替の動きにかかわらず、もっと長い目で見て投資を続けましょうね。

はい！　お金を円で使いたいときは？

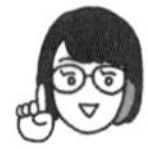

円安気味だとうれしいわね。

値動きのある商品を買うときは、毎月同じ金額を投資しよう！

- ドルコスト平均法は、1ドルあたりのコストを小さくすることができる。なぜなら、価格の安いときにはたくさん買えて、価格の高いときには少ししか買えないから
- 円高のときにはたくさんのドルを買える
- 円高になると、これまで積み立てていた資産がマイナスになるけど、ドルが安いときにこそ買い続けよう。積立をやめないことがなによりも大切！

第4章

保険はインフレに超弱い

保険の入り過ぎにご用心

投資の説明に入る前に保険の話をしましょう。

保険は保障でしょ？　投資に関係あるの？

これから毎月、長い期間にわたってず〜っと投資していくのよね？　ということは、どこかからお金を捻出しないといけないわ。1章で固定費の話をしたのを覚えてる（→P51）？　保険は毎月同じ金額を払うから、固定費だったわね。

うんうん。まずは、わが家の家計をきっちり洗い出すんだよね。で、毎月出ていくお金を徹底的にチェックする。その中で毎月放っておいても引かれるのが固定費だよね。

完璧！　サブスクをはじめとしたサービスは、企業が安定的な収益を得るために考え出された方法なの。だから私たちにとっては、逆。ムダが出やすく作られているのよ……。今、入っているのは本当に必要な保険かな？　きちんと見直しをしてみましょうね。はっきりいうと、見直しじゃなくて、断捨離。「いらない保険は解約しよう」ってこと。

必要だから保険に入っているんだよ。入院したら困るし、がんになったら一体いくらかかるの？　死んじゃうかもしれないし、認知症も怖い……心配だよ～!!

やれやれ……。みんなは月々の保険料が高いと感じているかな？　もし、感じているなら保険を掛け過ぎている可能性が高いの。

そうなの？

ひとくちに保険といってもたくさんの種類があるわ。子どもが小さいうちは死亡保障など手厚い保障が必要だけど、子どもが大きくなって社会人として働いている人や、独身の人は必要ないのよ。

保険は「いざっていうときに備えて」入っておくのが、大人のたしなみじゃないの？

ももちゃんのいうとおり、「いざっていうときのために備えて」入るのが保険よ。でも、その「いざっていうとき」が多すぎるんじゃないの？

いざっていうときは、入院する、手術する、がんになる、認知症になる、死ぬ……。

あのね。多分ほとんどの人が入院するし、手術もするかもしれない。男性の65%、女性だと50%の人ががんにかかる……そして最後は全員死ぬ。

保険、全部入るーー！

保険会社を儲けさせることはないのよ。入院や手術にはあくまで自分の貯蓄で備えるのが基本。でも、保険に入って備える「いざ」っていうときは、若いお父さんやお母さんが子どもを残して死ぬことを指すの。

じゃあ、かあさんは若くないので保険に入っていないんだね？

もも！　若くないからじゃなくて、かあさんの子どもは大人になって働いているから、保険はやめたのよ!!　もう私が死んでも、由比は金銭的には困らないでしょ。

でも、お金はあればあるほどいいんじゃないの？　保険は必要だよね。ささみ食べたいし……。

保険のしくみを極める

困ったわね……。じゃあ、保険のしくみを説明するわね。保険はみんなの助け合いで成り立っているの。
たとえば、1000人の人が1万円を払って、死亡したら1000万円を受け取れる保険に入ったとします。そして、その中の人が死亡したときに、みんなで集めたお金の中から生命保険金を払う、これが生命保険のしくみよ。

ふーん。助け合いなんだ。じゃあ、保険会社は儲からないね～。

実は儲かるのよ。手数料がたんまり入る。保険の手数料を公表している保険会社があるわ。

手数料？

みんなから集めた保険料を全部、保険金として払ったら、保険会社の社員の給料が払えないし、

保険のしくみ

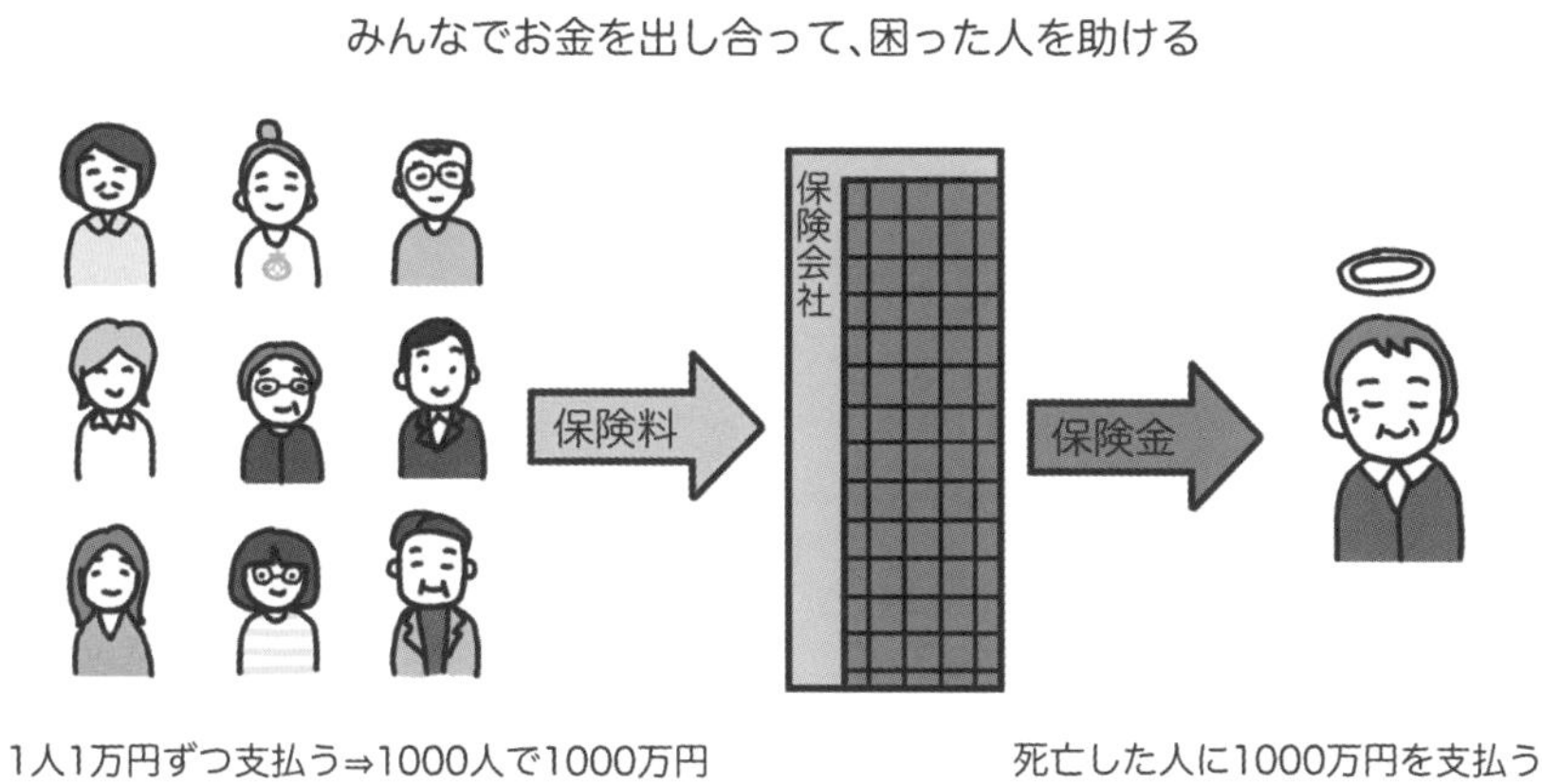

みんなでお金を出し合って、困った人を助ける
保険料
保険会社
保険金
1人1万円ずつ支払う⇒1000人で1000万円
死亡した人に1000万円を支払う

保険は、リスクに備えてみんながお金を出し合う。その中の人が死亡したときに保険金を支払う助け合いから成り立っています。

事務所の家賃と電気代も払えない。ましてや東京の真ん中にビルも建たないわ。

そうだね。

大事なのは、お客さんから払ってもらった保険料のうち、いくらを生命保険金の支払いに使って、いくらを保険会社の経費と儲けに使ったのかを知ることなの。長い間、この保険の手数料は、企業秘密でずっとベールに包まれていたの。でも、ネット生保の先駆けであるライフネット生命が公表してくれたわ。かあさんは、とてもうれしかった！　保険会社の経費、給料とか、保険の開発費や事務手数料、あるいは儲けに使った分が1円単位でわかるのよ。

それがな〜に？

生命保険の保険料のしくみ

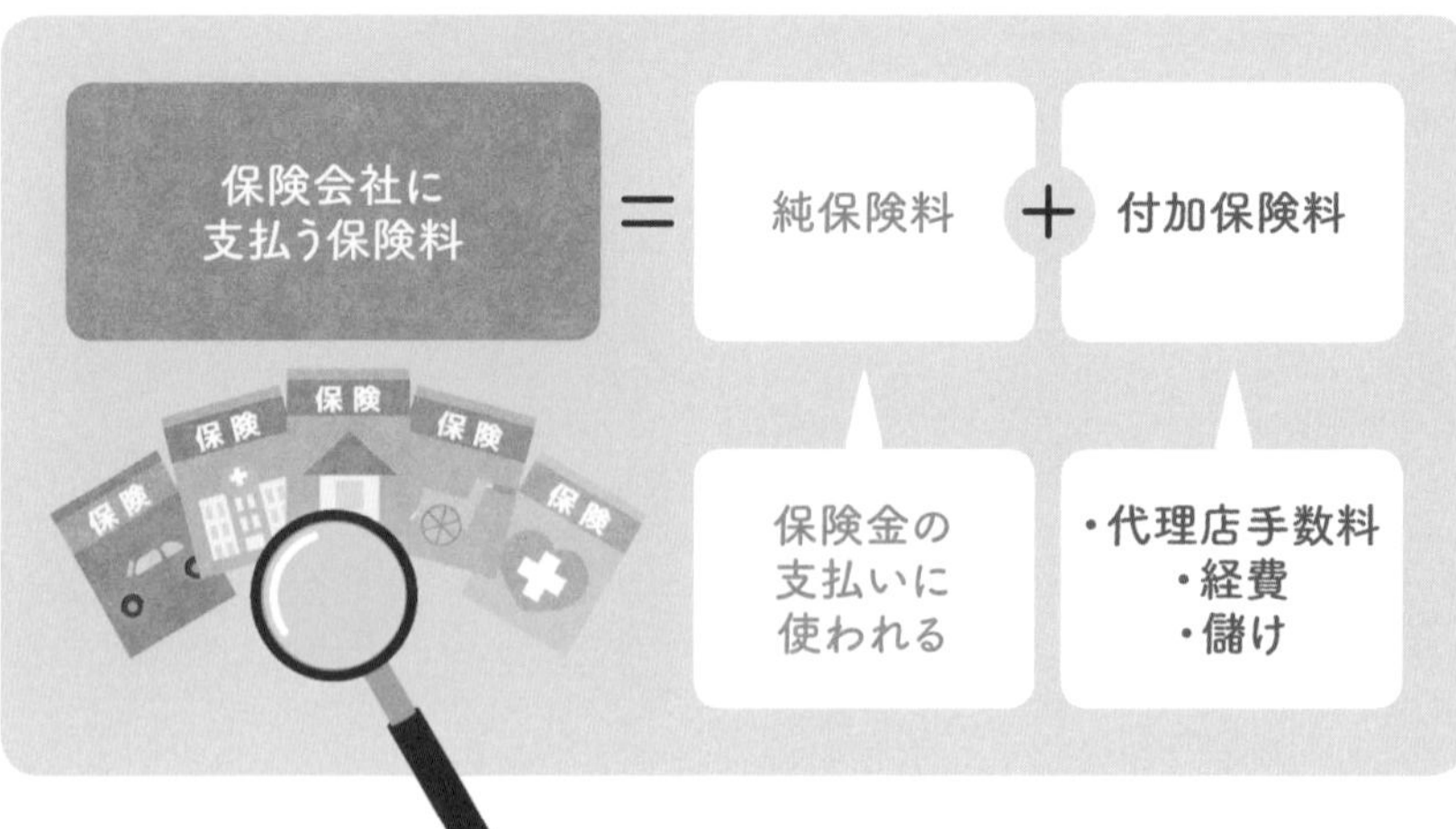

よい保険と悪い保険を区別できるようになったっていう意味よ。私たちの支払う保険料は純保険料と付加保険料に分けることができるの。生命保険金の支払いに使う分が純保険料。保険会社の経費や儲けに使う分を付加保険料と呼ぶ。いい？

はあ……。

それから日本人が平均して何歳で死ぬかは、厚生労働省が公表しているの。つまり、どの保険会社でも、純保険料は同じ金額になるはずよね。

それはわかる。死亡率が同じなら、死亡する人が同じ人数。だからどの保険会社でも、みんな同じ保険料を払うんだね？

はずれ～！　保険料は、保険会社によって全然違うの。ライフネット生命の定期保険で考えてみましょう。定期保険は、期間を定めて死亡保障を得る商品ね。たとえば、40歳の男性が1000万円の定期保険へ10年間加入した例で説明するわ。

うん。

毎月の保険料は１９２５円。このうち、純保険料は１３６５円、付加保険料は５６０円です。これはね、保険金の支払いに使う分が１３６５円。残りの５６０円は経費と儲けという意味よ。ところが、同じ条件でかんぽ生命で試算してみたの。そうしたら保険料は３６００円だったわ。

同じ年齢、同じ性別、同じ保障で、ライフネット生命は１９２５円、かんぽ生命は３６００円？？　わかった！　かんぽ生命に入っている人は、たくさん死ぬんだね!?　僕はライフネット生命に入るからね！

そうじゃなくて。両方とも、国が作った日本人の死亡率で保険料を計算している。からくりは、付加保険料が違うの。

それ、なんだっけ？

保険会社の経費と儲けよ。この２つの会社の付加保険料の差は、なんと毎月１６７５円もあるのよ！

ウソ……。

あのね、1675円も毎月余計に払うんだよ。この保険は10年間だったよね？
なんと、10年での差額は20万1000円にもなるのよ!!

1675円×12か月×10年＝20万1000円

ええっ！！！
かあさんのいいたいこと、わかったよ！　キチンと保険の見直しをすれば、固定費を少なくできる。たとえば、この安くなった分の1675円を、毎月投資すればいいんだよね？

さすがももちゃん、賢いわ～。
「40歳の男性が死亡したら1000万円もらえる保険に10年間加入する」という同じ商品なのに、こんなに値段が違うなんて想像できないでしょ。だからこそ、きちんと保険を選ぶこと！　そして今から説明するけど、必要のない保険に入らないことが、なによりも大切なの。

月々の保険料の差

	ライフネット生命	かんぽ生命
定期保険の保険料	1925円	3600円
純保険料	1365円	1365円※
付加保険料	560円	2235円
付加保険料の差額	1675円	

※ライフネット生命と同額と想定

保険は毎月賭けをすること！

かあさん、レオのママから質問があるよ〜。就職したので、どんな保険に入ればいいのか教えてほしいって。

おめでとう！　でもね。就職したからといって、保険に入らなくてもいいのよ。

なんで？　働き始めると、社会的責任ができるんじゃないの？

レオのママは23歳だったわね。もしレオママがお父さんとかお母さんなど、ご家族の生活費を払っているのなら、生命保険に入ったほうがいいけど。どう？

両親とも元気に働いているらしいよ！

じゃあ、保険はいらないわね。保険が必要な人は、扶養している家族がいる人。たとえば、子

家族の有無や資産額によって異なる生命保険の必要性

両親や妻子を養っている一家の大黒柱、あるいは幼い子どもがいる若い親など「自分が死んだときに家族が金銭的に困る場合」は生命保険に加入すべき。養う家族がいない独身者は生命保険に入る必要はありません。

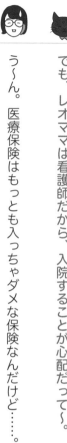

どものころにお父さんが亡くなると、家族が生活に困ってしまうでしょ。そんな金銭的な心配に対して生命保険に入るの。だから、扶養している家族がいないレオママは、保険に入らなくてもいいわ。

でも、レオママは看護師だから、入院することが心配だって〜。

う〜ん。医療保険はもっとも入っちゃダメな保険なんだけど……。

どうして？

もし、1か月に保険料3000円の医療保険に加入するでしょ。そうすると保険料は、1年で3万6000円。10年で36万円。90歳までの77年では277万円を超えてしまうわ。それで、一生で合計、何日くらい入院すると思う？

？？？　60日くらいかな〜？

じゃあ、1日5000円だから30万円だよね。30万円の保険金をもらうために、277万円も払いますか？

いやだ……払いたくない！

保険って、よく掛け捨てっていう表現をするけど、毎月3000円払って、今月、入院するかどうかに賭ける。そして、月末に掛金を捨てる。翌月また新しい賭けを始める。これが保険のしくみ。毎月保険料を払っても、貯金しているわけじゃないの。解約したって1円も返ってこないわ。そもそも、賭け事は胴元が儲かる。じゃないと、保険会社というしくみ自体が続かないからね。

……。

保険はインフレに大負けする

それから、さっきインフレの話をしたけど、大切なことがあるわ。

どんなこと？

保険は「インフレにメチャクチャ弱い」ということ。たとえば、1日あたり5000円をもらえる医療保険に入るということは、入院したら1日5000円もらえるという約束をするわけよね？　では、入院給付金を受け取るのが30年後だとするわ。

53歳か……入院するかも。

今から毎年2％のインフレが30年続いたら、どれくらい物価が上がると思う？

2％×30年でしょ？　60％だね。ささみの缶詰が1・6倍かぁ……。

ももちゃん、複利で考えるのよ！　覚えてる？

複利？　なんで預金や資産運用と同じなの？

だって、今年１万円の医療費が１万２００円になって、来年には１万２００円の医療費が１万４０４円、１万６１２円……と、毎年雪だるま方式で増えていく。複利で計算するのよ！　そうすると、30年後の医療費は81％アップになる。２％で30年経つと、物価は81％高くなるの。ももちゃんのささみの缶詰は１・８倍よ！

（１＋０・02）30乗＝１・８１１……　※０・02＝2％はインフレ率、30乗は30年

う〜ん。まぁ、毎年２％物価が上がるといわれてもね〜。今だけ特別でしょ？

ううん。デフレが30年続いたことのほうが特別なのよ！

そうなの？　でも、インフレが81％と医療保険はなんの関係があるの？

81%のインフレだと、病院に払うお金も今の1・81倍になるよね？

確かに。でも、病院に払うお金が高くなるんだから、入院して5000円もらえたら心強いよね。

医療保険は入院したら1日5000円という約束をして加入するので、1日あたり5000円しかくれない。

わかってる！

問題はね、インフレで物価が81%上がるということは、反対にお金の価値は81%分が下がる。つまり、5000円というお金は将来、2760円の価値しかないってこと！

5000円÷（1＋0・02）30乗＝2760円

え〜、それは困る！

こんなに手厚い健康保険の保障内容

医療費はね、健康保険だけで十分まかなえるの。なぜなら、健康保険には高額療養費という制度があるからよ。これは医療費が高額になったときに、一定額以上は払わなくてよい制度なの。たとえば、医療費が1か月に１００万円かかったとする。３割負担なら30万円を払わなければいけないわ。でも、月収50万円以下の人なら、８万７４３０円を超えたらその分はみんな国が払ってくれるのよ。

それは助かるね。

おまけに、仕事ができないときには、傷病手当金をもらえるの。給料の67%を支払ってくれるのよ。しかも、税金も引かれないわ。

病気でお仕事ができなくても給料がもらえるの？

高額療養費のしくみ

自己負担割合は、医療費の3割

医療費の家計負担が重くならないよう、医療機関や薬局の窓口で支払う医療費が1か月（1日～末日まで）で上限を超えた場合、その超えた額を支給する「高額療養費制度」があります。

【質問】
医療費が100万円かかり、病院の窓口で30万円を支払った場合の自己負担限度額はいくら？

総医療費　：　10割　100万円

健康保険の負担額：7割
70万円

私たちの窓口負担額：3割
30万円

高額療養費
21万2570円

自己負担額
8万7430円

自己負担の割合と高額療養費は、
年齢や所得によって決まる
給料が28～50万円の場合（ウ）、
このケースの自己負担額は約9万円

8万100円＋（100万円－26万7000円）×1％＝8万7430円

1か月あたりの収入によって異なる高額療養費

自己負担限度額を知るためには、総医療費へ、医療費を当てはめましょう

所得区分	自己負担限度額
ア　標準報酬月額83万円以上	25万2600円＋（総医療費－84万2000円）×1％
イ　標準報酬月額53万～79万円	16万7400円＋（総医療費－55万8000円）×1％
ウ　標準報酬月額28万～50万円	8万100円＋（総医療費－26万7000円）×1％
エ　標準報酬月額26万円以下	5万7600円
オ　市区町村民税の非課税者等	3万5400円

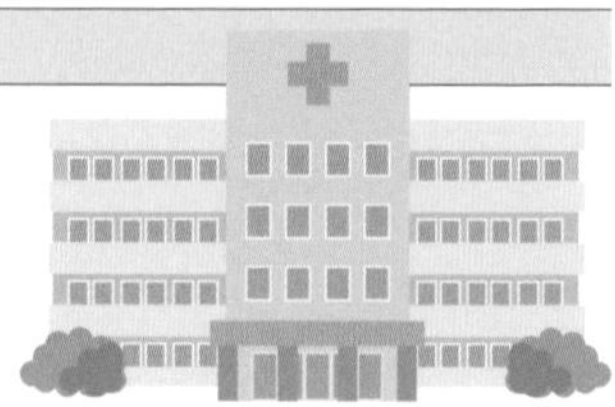

給料じゃないわ。健康保険料が毎月引かれているでしょ。健康保険という保険に入っているから、病気やけがで働けないときには、傷病手当金という手当を払ってくれるの。これは会社員とか公務員のお話ね。自営業は国民健康保険だから、傷病手当金はないので気をつけて。

そうなんだ……。

このように健康保険を使って病院に行っても、それほど医療費がかからないようになっているの。高齢になると、病院に払う負担がさらに軽くなる。ね、医療保険に入る必要はないでしょ？　保険に入ったつもりで、毎月３０００円を運用すると将来、とても大きな金額になるわ。

どれくらい？

傷病手当金のしくみ

傷病手当金は病気やけがのために会社を休み、事業主から十分な報酬が受けられない場合に支給される。
連続3日間の欠勤には、有給休暇、土日・祝日等の公休日も含まれる

傷病手当金支給開始

連続3日欠勤	欠勤4日目から、給料の3分の2
	←1年6か月※→

※出勤日を除く

[1日当たりの金額]
支給開始日の以前12か月間の各標準報酬月給を平均した額÷30日×（2/3）

じゃあ、30年間で考えてみましょう。３０００円を30年間払うと、単純計算で１０８万円！

３０００円×12か月×30年＝１０８万円

３０００円を３％で運用しながら、30年間積み立てたら１７１万円になるわ!!

すごい！　１７１万円あれば、入院しても困らないね。

まとめ

・生命保険は子どもがいる人や、扶養家族がいる人が入るべき
・医療保険は必ず大損するので入らない
・インフレになると、将来の保険金のお金の価値が目減りする
・保険に入ったつもりで、運用を始める

本当に必要な保険とは？

かあさん、茶々丸のお父さんとお母さんには、人間の子どもが2人もいるよ。やっぱり保険は入らなくていいの？

自分が死んだときに、家族が金銭的に困る場合は生命保険に入って備えるの。生命保険は、死亡したときに保険金を受け取れる商品だったわね。そして、子どもが就職したら、生命保険で保障する必要はなくなるから解約してね。

どういう生命保険に入ったらいいのか教えてあげたい。

さっき話した定期保険に入るといいわ。定期保険は、期間を定めて死亡保障を得る商品よ。60歳までや10年間など、期間を決める。いわゆる掛捨てタイプだから、保険料が安い。保険会社によって、同じ保障でも保険料が違うからいろいろ試算してね。ネットで入れる保険は、人件費がかからない分、安いわね。ライフネット生命とか、SBI生命の定期保険がいいわね。

でもね〜、みんな貯蓄型の保険に魅力を感じるみたい。でね♥終身保険の試算してみた。定期保険の保険料は、1860円だよね？　もし、オリックス生命の終身保険に入ったら、828万円払って、1000万円ももらえるんだよね〜？　172万円もお得だよ！

さっき、もものこと賢いっていったこと、撤回する！

考えてみなさい。40歳は若いわ。子どもが生まれたばかりかもしれないし、10歳くらいかもしれない。いずれにしても、生活費とか教育費がたくさんかかるの。普通の家庭では、そんな時期に3万円を超えるような保険料は払えないわ。

そうかな〜？

定期保険と終身保険の保険料を比べてみた

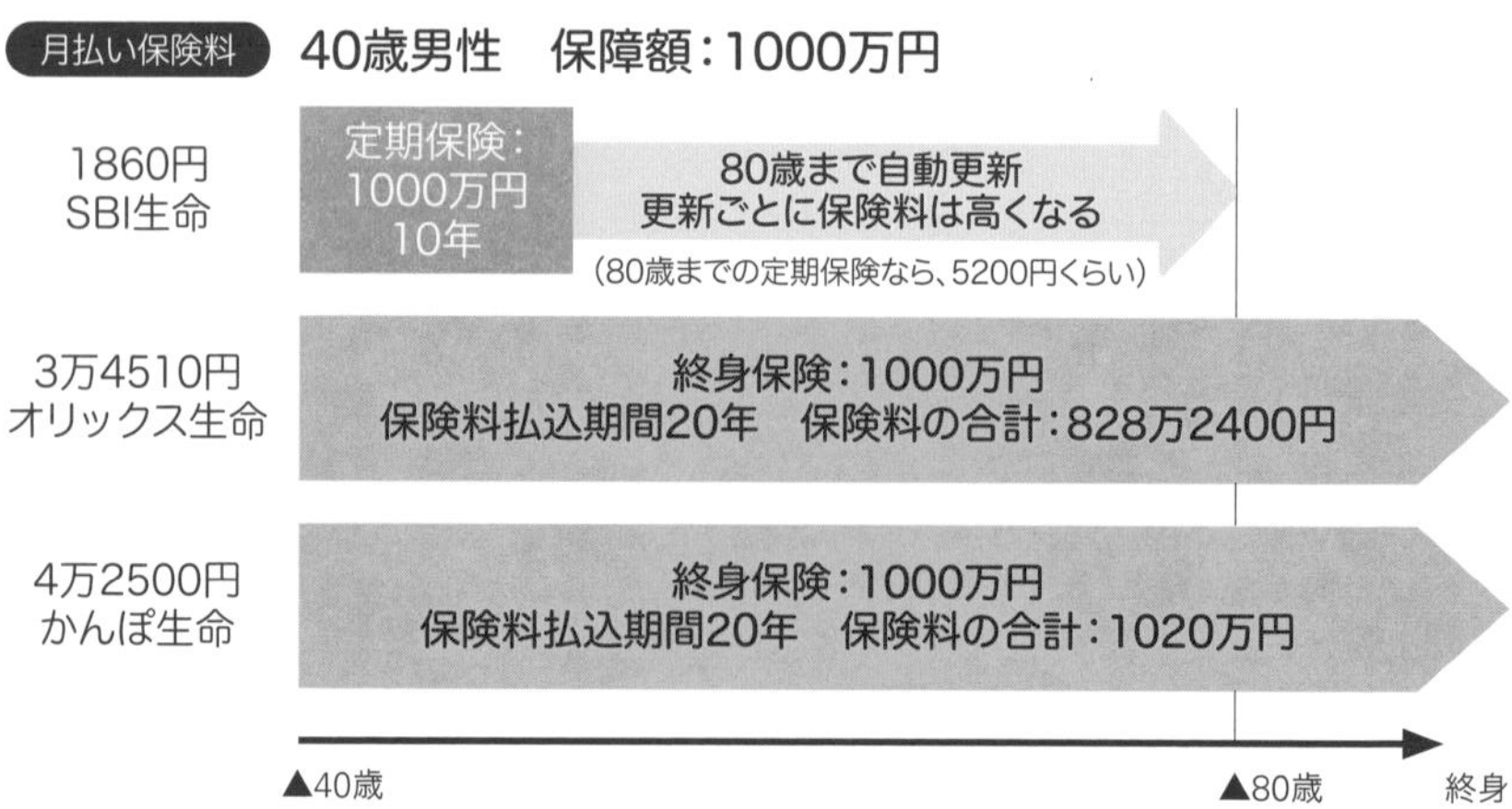

難しいわね～。どんなに節約して保険料払っても、自分が死なないとお金をもらえないわ。子どもがいる人は大きな保障が必要なの。終身保険で備えるのは難しいわ……。

なんで～？

高くて保険料を払えないからよ。貯蓄型、つまり終身保険の保険料はとっても高いの。なぜなら、定期保険の保険料に加えて、自分で貯蓄しているのと同じだからね。40歳の男性が１０００万円の終身保険を20年で払うなら、どんなに安い保険会社でも３万４５１０円ということは、普通はかんぽ生命のように４万円を超えるわ。茶々丸君のお父さん、子どもが２人いるなら少なくとも２０００万円以上は必要ね～。

８万円！　生活できないよ～。

だから、安い定期保険を選んで、同時にお金を運用していくのが一番賢いの！

でもさ。人間はみんな死ぬから、必ず保険金をもらえるでしょ～？

じゃあ、死んだあとのために毎月8万円払って、一生ひもじい生活してね。ささみは厳禁！

定期保険にしますぅ。

あと、収入保障保険という名前の保険があるわ。保険金をいっぺんに受け取るのではなく毎月受け取る保険なの。加入から早い時期の保険金は高額な保障があるけど、年々減っていくので気をつけてね。その分定期保険より保険料が安くなっているわ。

定期保険：60歳までや10年間など期間を定めて加入する死亡保険。安い保険料で大きな保障を得られる

終身保険：一生涯の保障がある。必ず保険金を受け取ることができるが、保険料は高い。自分で保険会社に積立をするイメージ

収入保障保険：60歳までなど期間を定めて加入する死亡保険。定期保険との違いは、死亡時に毎月10万円など分割して保険金を受け取ること。死亡する時期が遅いと保険金の合計は少なくなる

貯蓄型の終身保険で大損する理由

では、次に先ほどの終身保険の保険料と同じ金額の3万4510円を、2%で運用しながら20年間積み立てたらいくらになると思う？

1000万円？

あたり！ 1006万円になるわ。

保険と2%の運用はほとんど同じじゃない？ 同じなら、保障がある分終身保険のほうがいいよね。

違うのよ。保険は死亡したら1000万円を払うという約束をする。保険料を払い終わっても、死なないとお金はもらえないのよ。この保険に入って、保険料を払い終わった20年後に解約をすると、返ってくるのは869万円（解約返戻金）。払った金額と同じくらいにしかならないわ。

でも、保険に入らないで、そのお金を2%で運用していたら1006万円になるでしょ？

うん。

ということは、保険に入ると実質的に137万円損したことになるのよ。この大損は目に見えないからみんな気がつかないの。この本をしっかり読んで運用して、3%くらいは狙おうね。そうしたら、1113万円になるわ！

保険に入るということは、運用する機会を知らないうちに奪われるということだね？

そのとおり！　保険は安い掛け捨てを選ぶ。そして自分のお金は自分で運用する。これだけよ。詳しくは5章で説明するわね。

終身保険に入った場合と入らずに運用した場合の違い

	保険に入った	2%で運用できた	3%で運用できた
20年後の金額	869万円（解約返戻金）	1006万円	1113万円
保険との差額	―	137万円	244万円

1006万円－869万円＝137万円

1113万円－869万円＝244万円

第5章
株式と投資信託でインフレに勝つ！

株を買うのが怖いです……

かあさん、「運用する。これだけ」といわれても困る。どうやったら、2％とか3％で運用できるの？

株や投資信託で運用するのよ。

いやだー。だって茶々丸のパパが、東日本大震災のときに株で大損したっていってた！

確かに大地震が起こったせいで、株は平均1割くらい下がったかしら。でもね。コロナショックのときは3割も下がったのよ。

株とか投資信託とか、怪しいよね～。怖いよね～。僕は損をしたくない！

ももちゃん、現金や預金で持っていてもインフレだから、損をするんだったよね？

そうでした……。

これまでの投資のイメージを捨ててね。どうして茶々丸パパが損をしたのか説明するわ。簡単よ。それはね、高いときに買って、安いときに売ったから！

高いときに買って、安いときに売った？　あたりまえじゃないの！　そりゃあ損するよね!!

茶々丸パパの失敗は、株を買ったことではないの。そして、地震で株価が下がったことでもないわ。それはね、地震が起こって株価が下がったとき、株を売ってしまったことなのよ。

その気持ちは理解できるな……。「これ以上、下がったらどうしよう」って、みんな思うんじゃ

株で損や得をするのは売買のタイミング

茶々丸パパ

20万円で買った － 15万円で売った ＝ 5万円損した

正しい方法

15万円で買った － 20万円で売った ＝ 5万円儲かった

ない？

そのとおりよ。狼狽売りといって、株価が急落する様子を見て、持っている株を慌てて売ってしまいがちよね。でも、もし、茶々丸パパが地震のときに株を売らなかったら、20万円で買った株は今ごろ60万円以上になっていたと思うよ。

なんでわかるの？

2011年の日本の株価の平均と比べて、2023年8月の株価の平均は3倍以上になっているからよ。もちろん銘柄によるけど、平均で3倍だからね！　茶々丸パパにとって本当の意味での大損は、マイナス5万円じゃなくて、売らなかったら儲かっていた分の40万円なの。

驚いた！　じゃあ、茶々丸パパは地震が起こって、株の値段が下がったときにもっと買えばよかったってこと？

そう！　でも、実際には地震のショックで難しいと思う。とはいっても、茶々丸パパは売ったんだから、買うこともできたわよね。

それから、これは私の反省だけど、2020年3月に起こったコロナショック。日本の株は3割くらい下がったの。このときに「もっと買っておけばよかった〜!」って、かあさんは思ってる。こんなふうに人間なら誰でも、下がっているときに株を買うのは心理的に抵抗があるわ。

まとめ

・儲けの鉄則は、安く買って、高く売ること
・株価が下がったからといって、狼狽売りは厳禁!

頭のよい人が行っている投資方法を教えます

じゃあどうすればいいの？

運用の鉄則は「積立」なの。毎月決まった金額を積み立てるのが一番よ！　株価が下がっているときでも、自動的に積み立ててくれるからね。株価が下がっているときには、心理的な葛藤があってなかなか買いに行けないでしょ？

無理無理！

だから、最強の投資方法は積立をすることなの。

なにを？

投資信託よ。

投資信託ってなに？　危ない商品？

投資信託は、６０００種類くらいあるわ。下の図を見て！　株とか、債券、金や原油などに投資するものまで盛りだくさん。日本だけじゃなくて、海外へ投資している商品もあるの。もちろん、中には手数料が高くて、買ってはいけない商品もあるわ。だから、私がお金を預けてもいいなって思う投資信託は少ししかないの。

よくわからない〜。

ごめんごめん。もっと丁寧に説明するわね。投資信託は、よい会社の株を探して買うのは大変だから、世界中の有名どころの株を全部買うというイメージかしら。具体的には、プロが私たちの代わりに運用する商品を選んでくれる。い

投資信託の主なカテゴリー

投資信託にはずいぶんたくさんのカテゴリーがあるんだね！

1 **国内株式** インデックス運用 アクティブ運用	2 **国内債券**	3 **海外株式** 先進国 新興国 個別の国など	
4 **海外債券** 先進国 新興国 分配金の頻度など	5 **不動産投資信託** 国内不動産 海外不動産 分配金の頻度など	6 **コモディティ** 金 農作物 原油など	7 **バランス型** 1〜6のいくつかをミックスしたもの

わゆる、パッケージ商品をイメージすればいいわね。たとえば、日本の株で運用する投資信託であれば、たくさんの日本の会社の株が入ってるのよ。

ふ〜ん。パッケージ商品だと、なにがいいの？

少ないお金でも多くの会社に分散して投資できるというメリットがあるの。たとえば、日経平均株価に投資をする商品であれば、２２５銘柄もある。東証株価指数（ＴＯＰＩＸ）に投資するなら、２１５６銘柄（２０２３年10月末現在）よ！（↓Ｐ１６１）

そんなにたくさんの株を買うお金なんてないよ！

あはは。１０００円だって大丈夫！　大手のネット証券であれば１００円から買えるの。

えーー！　１００円？？

中には25社や50社など少ない株式で運用している投資信託もある。でも、たくさんの会社に分散している商品がいいわね。日本だけではなく、アメリカ、ヨーロッパ、インド、ブラジルなどたくさんの投資先があるわ。国別に選んでもいいし、先進国、新興国という区切りにするのもOKよ。

日経平均株価：東京証券取引所プライム市場に上場している銘柄から選んだ225銘柄
日本の株式の大きな動きを把握することができる

東証株価指数（TOPIX）：東京証券取引所に上場する銘柄を対象とする

まずは、どの国のなにに投資をするのかを決めて、投資信託を選ぶんだね！

そう。たとえば、インドに投資したいと思ったとする。なぜなら、インドの国内総生産（GDP）はね、今、イギリスを抜いて世界第5位よ！　おまけに、インドの人口も中国を抜いて、トップに躍り出たの。人口が多くて、経済が発展する国の株は上がりそうよね!!

ちょっと待って！　国内総生産って、その国の経済が大きいってこと？

そうよ。でも、インドの株を調べて買うのって難しいでしょ。そもそも、日本の証券会社じゃ、インド株は買えないの。でも、投資信託ならインドの経済とか、株に詳しい人が代わりに運用してくれるから安心よ！

本当に安心なのかな……。

安心という意味は、インドの経済を勉強しなくても運用ができるという意味よ。インドは高い成長が期待できるけれども、先進国に比べて値動きが大きいの。だからこそ、ドルコスト平均法で少しずつ積立を行うことで、損失額を抑えながら運用するといいわ。あとで説明するけど、インドだけに投資するのはダメよ。分散投資が基本！

投資信託は自分の代わりにプロが運用してくれる商品

・多くの株式に分散している
・世界中の国に投資することができる

リスクがない商品はリターンもない

投資信託は、どの資産をどのくらい組み入れているかによって、ローリスク・ローリターンからハイリスク・ハイリターンまで、さまざまなの。

リスク？　危険？　損をするってことだよね？

そう、普通はリスクっていうと、「危険」とか「危ない！」よね？　でも、資産運用をするときのリスクは、違う意味で使うわ。資産運用のリスクは、投資した金額から増えたり減ったりすることなの。

増えたり減ったり？　減るのがリスクなのはよくわかる。増えるのもリスクっていうの？

そのとおり！　次ページの図を見て。縦軸はリターンだから、儲けってことよ。

真ん中の線より下に行ったら、損？

そう。でもね、この真ん中の線は、預金や個人向け国債なの。儲けも損もない。これはリスクがゼロだってことよ。元本割れもしなければ、儲けもない。

元本割れも、儲けもない？？

リスクがゼロ。儲けもゼロ。つまり、インフレに負けるってことね。オレンジの線は、上下に動くけど、茶色の線に比べて緩やかでしょ？　オレンジのほうを、ローリスク・ローリターン。茶色のほうをハイリスク・ハイリターンって呼ぶの。

ふう～ん。

リスクのイメージ

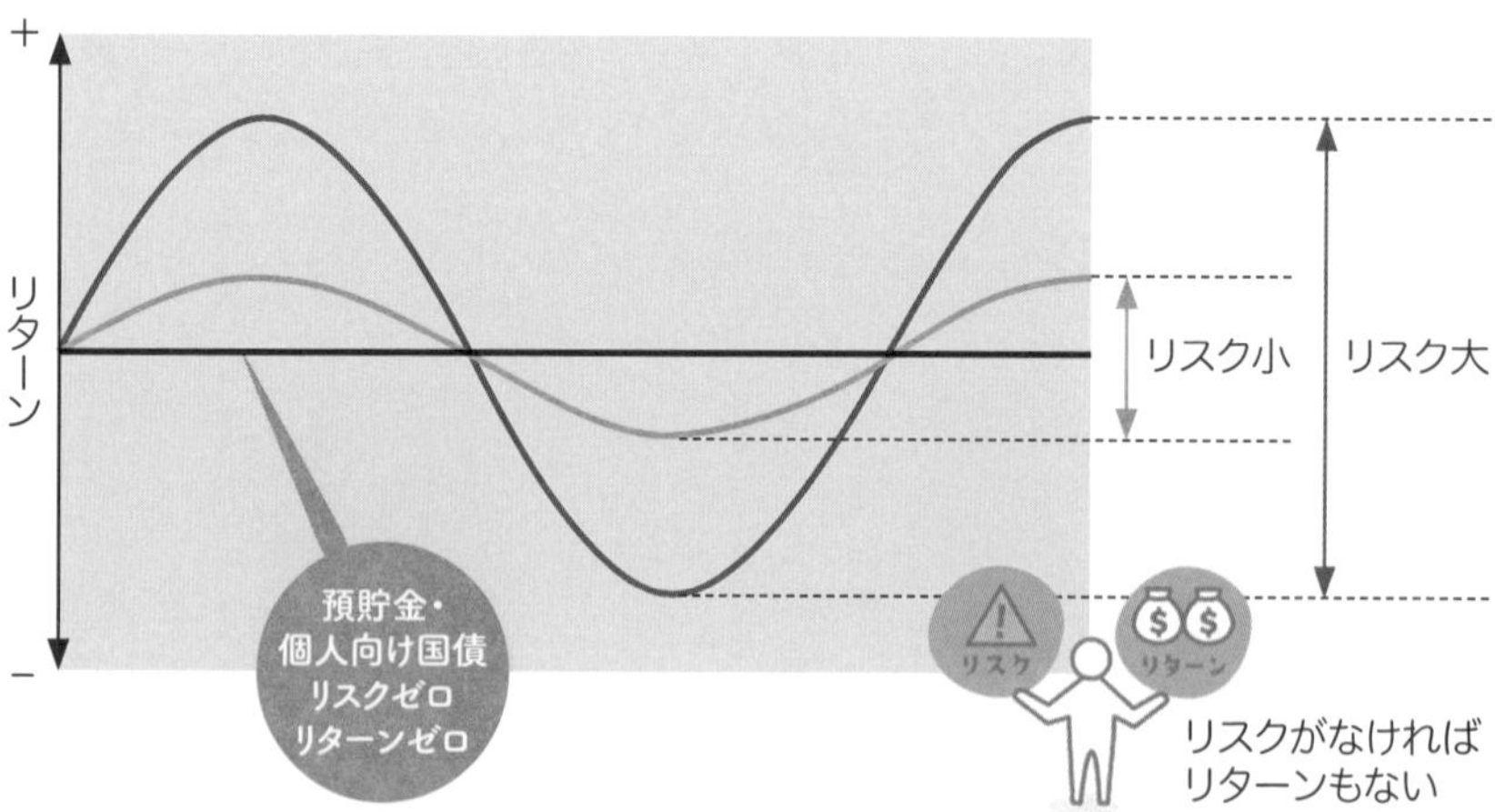

肝に銘じてほしいのは、リスクがないと儲からないということよ。株や投資信託の値段が上がったり下がったりするから、儲けるチャンスがあるの。値段が上がったり下がったりしない預金には儲けるチャンスはないのよ。

まあ、確かに。

たとえば、なにかのきっかけで金融危機が起こると、40％くらい下がってしまうこともある。実際、２００８年のリーマンショックのときには、42％も下がったわ。でもね、そのあと持ち直したの。コロナショックのときも同じ。このように上がったり、下がったりを繰り返していても平均で5～6％のリターンになる。かあさんが買った投資信託の中には、なんと2倍になったのもあるし。別の証券会社の平均利回りは7・3％よ。

このグラフはね、２０１8年の1月につみたてＮＩＳＡが始まってから数年間、コツコツ積み立てた分よ。今でこそこれだけプラスだけど、履歴を見ると、最初の3年間はほぼマイナスだった。でもね、自動的に積み立てする方法を選んだから、続けられたのよ。運用開始以来、１

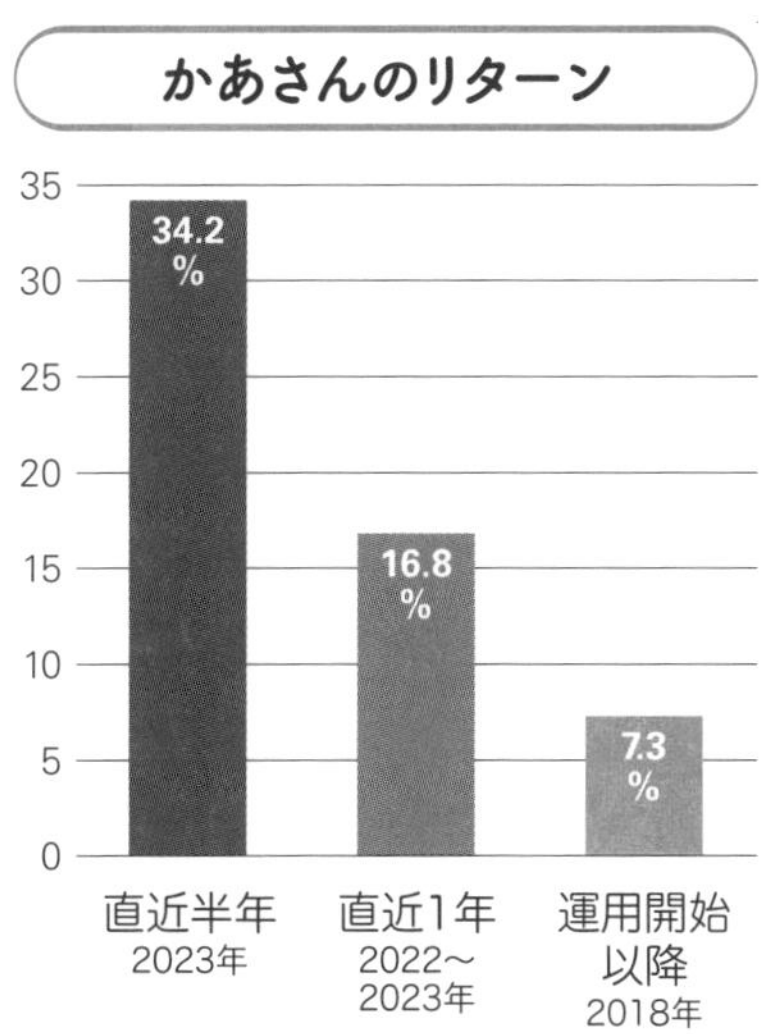

つみたてNISA口座で運用

年につき7・3%で増えているということは、2018年に始めて5年以上経っているから、投資した金額の約1・4倍になっているわね。

いいな……。

運用のポイントは、「継続は力なり！」ということ。長期、積立、分散がコツなの！　投資は短期間で売買をくり返すことなく、長期間にわたって持ち続けること。投資する期間が長くなるにつれて、リスクが小さくなり、リターンが安定していく傾向があるわ。

わからな〜い？？

下の右のグラフは1年ごとのリターン。プラスのリターンのときもマイナスのリターンのとき

1年ごとのリターンは動きが激しい

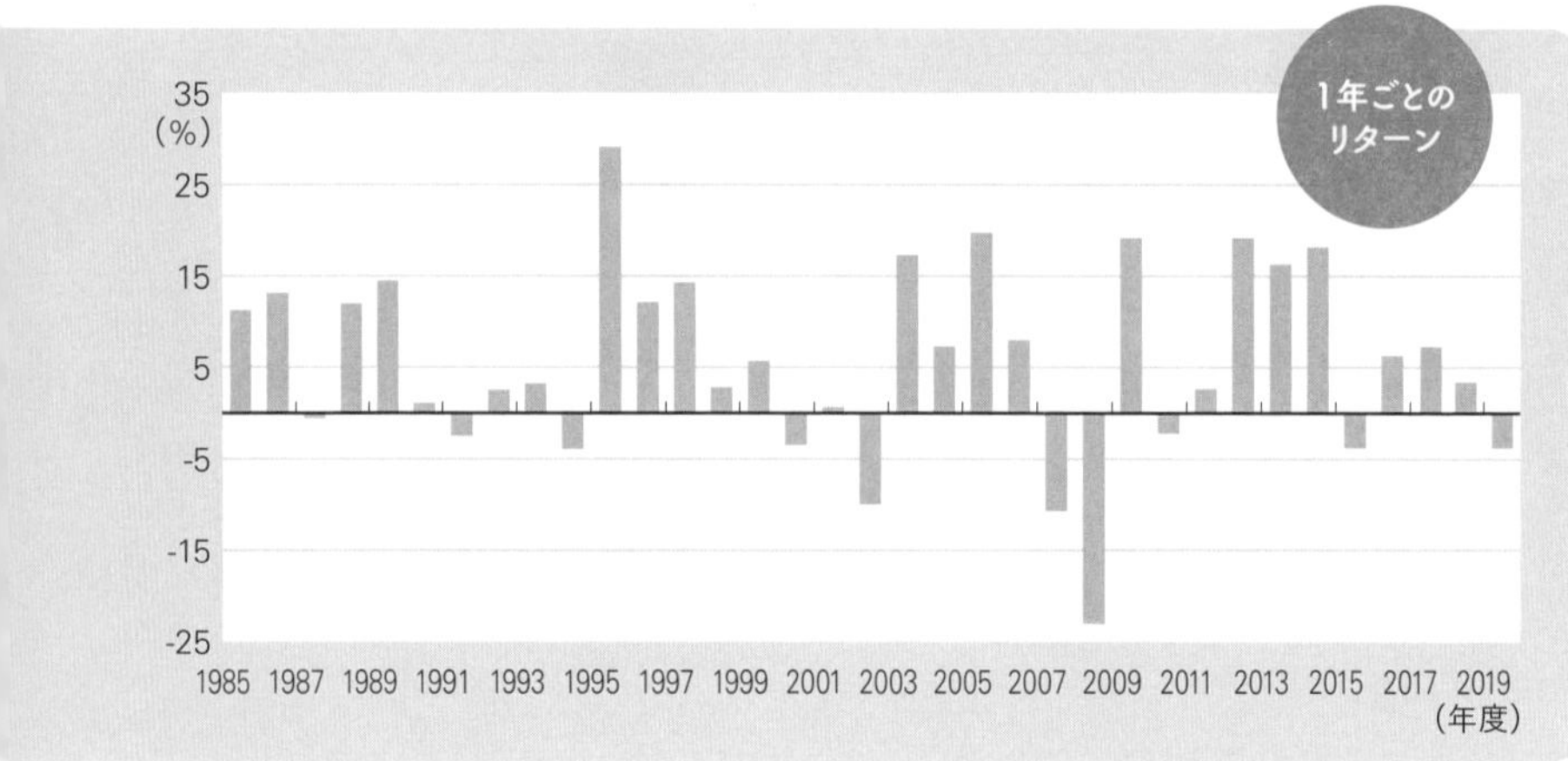

もいろいろあるわね。でも、左のグラフは、10年間のリターンを平均したものなのよ。わかる? プラスとマイナスが相殺されて、毎年、プラスのリターンだということがわかるわ。

たとえば、左のグラフの一番左は、85年から94年までのリターンを全部足して、10年で割って計算したの。プラス4・5%くらいかな。

右のグラフを見て。2007年や2008年は、グッとマイナスになっているのがわかる。でも、2001年から2010年の平均はプラスになっているでしょ? 前の10年は厳しいけど、かろうじてプラスよ。マイナスにはなっていないわ。こうやって長期で見ていくの。自分の資産額を見て、一喜一憂しなくていいわ。そのためにも、いろいろな商品に分散しないとね。

投資期間が長くなるほどリターンが安定していく

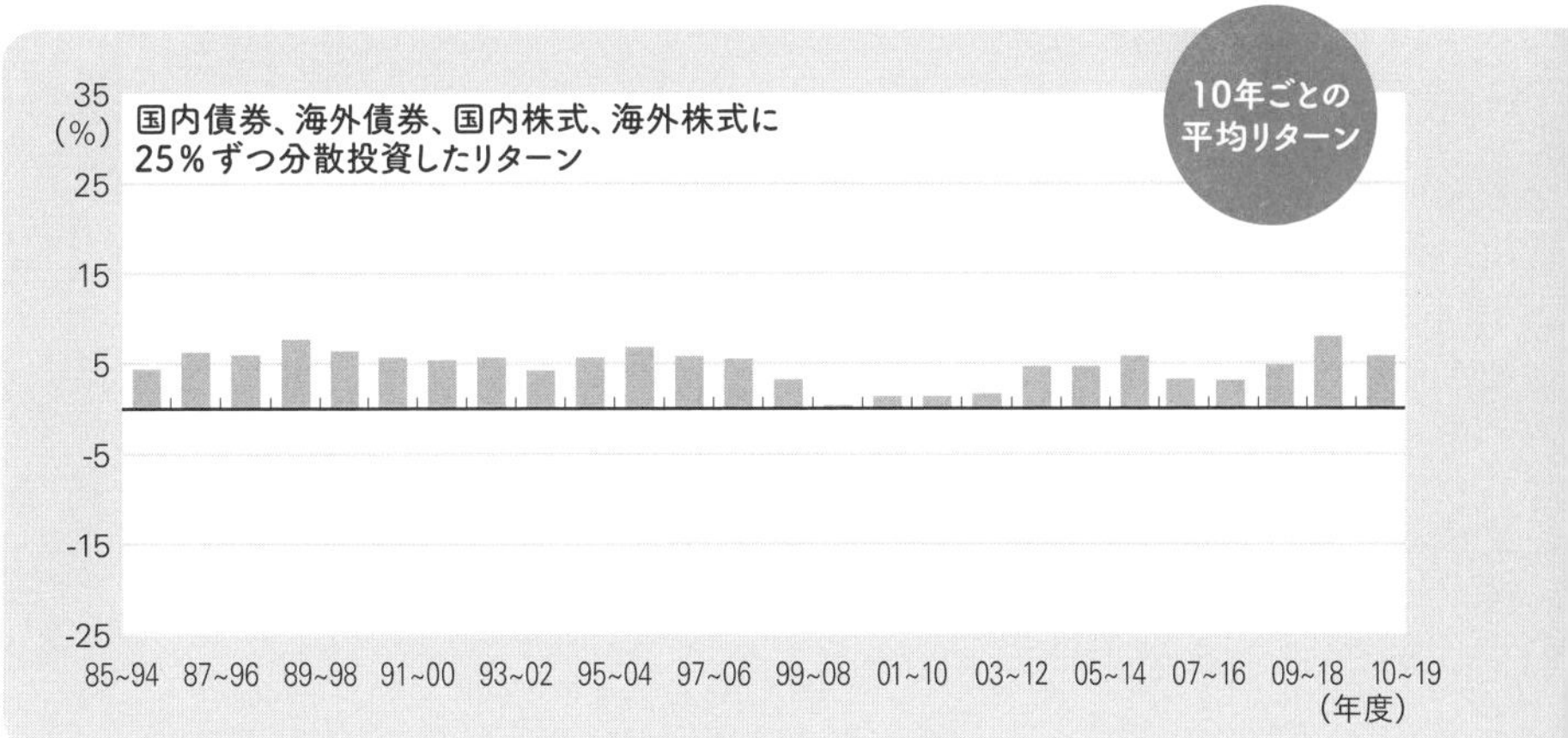

出所:みずほ総合研究所

投資信託を選ぶ理由

分散ってなに？

投資信託を買う最大のメリットは、たくさんの会社に分けて投資ができることよ。たとえば、ある会社の株を買ったとする。そうねぇ～、オリエンタルランドの株にしましょう。ディズニーランドを経営している会社よ。

いいね～、ディズニーランド！　高いの？

高いわ。２０２３年10月20日の値段で４５７８円。１００株で約46万円よ。株は１００株単位で買うの。では、オリエンタルランドの株を46万円で買ったとします。その後、なにかの事情があって株価が40万円に下がりました。そして、しばらく経ったら60万円になりました。こういう値動きを、ハイリスク・ハイリターンといいます。

いいのか悪いのか、よくわからないな……。

上がっている分にはいいけどね。たとえば、40万円に下がったときに買い増しをするという方法もあるけど、株は金銭的な余裕がないと買えないわよね。40万円は大金だからね。もうひとつ大切なことは、オリエンタルランドの株しか持っていないと、オリエンタルランドと運命共同体になってしまうわ。

いいんじゃない。株主優待でパスポートをもらえるんでしょ？

確かにオリエンタルランドは、デコボコはあるものの長い時間をかけて株価が上がっているわ。でもね、もし業績不振とか、ディズニーランドが地震でなくなっちゃったとか、長い時間にはなにが起こるかわからないの。運命共同体という意味は、自分の資産額がオリエンタルランドの業績に左右されてしまうことなの。もし、株を持っている会社が破綻したら価値はゼロよ。

いやだー！

でも、投資信託なら少ないお金で世界中のいろんな会社に投資することができるわ。もしも、そ

の中のひとつが破綻してしまっても、それほど大きな影響はないの。もっとも、破綻する前に運用の担当者がなんとかしてくれるわ。

投資信託にするー！

運用のコツは、長期・積立・分散

・長期で投資することによって、価格の変動（リスク）を平均（小さく）することができる
・必ず、毎月、積み立てるスタイルで投資をしよう
・投資信託で運用すると、自動的に分散投資ができる
・海外にも投資しよう

はじめの一歩はインデックス型

運用のコツのひとつ、分散について具体的に説明するわね。それは、3つのカテゴリーに分けるということ。日本株、先進国株、新興国株の3つね。

それだけ？　債券は？

債券はある意味、元本と利息が保証されているから、リスクがないでしょ？　資産を増やすという前提では、債券で運用しても大きくは増えないので、ここでは株式投資信託について話します。債券に投資するなら、最初にいった個人向け国債の変動10年がいいわね。

個人向け国債は元本保証だから別枠ね、わかった！

まず覚えてほしいのは、投資信託には運用方法の違いによって、「インデックス型」と「アクティブ型」の2つがあるということです。

インデックスとアクティブ？？　カタカナだと難しそうだよ〜。

大丈夫、簡単よ。インデックスは目印という意味ね。インデックス型は目標を決めて、その目標と同じ動きをするようになっているの。

目標ってなに？　同じ動きをするとどうなるの？

う〜ん。とりあえず、目標があると運用をしやすいのよ。テストの範囲が決まっていると勉強しやすいでしょ。同じ動きをするということは、平均点を取るということ。
そして、目標のことをベンチマークと呼びます。日本株の場合は、日経平均株価や東証株価指数（TOPIX）が代表的なベンチマークよ。

日経平均株価と東証株価指数（TOPIX）の主な構成銘柄

日経平均株価

武田薬品、日立、NEC、シャープ、京セラ、キヤノン、トヨタ、日産、ホンダ、ニコン、シチズン、NTT、ソフトバンク、三菱UFJ、みずほ、野村證券、第一生命、アサヒ、キッコーマン、任天堂、資生堂など225社

東証株価指数（TOPIX）

トヨタ、ソニー、キーエンス、NTT、ソフトバンク、三菱UFJ、第一三共、武田薬品、三井住友フィナンシャルグループ、日立、任天堂、住友商事、テルモ、オリエンタルランドなど2156社（2023年10月末現在）

日経平均？？？

日経平均は、日本を代表する２２５社の株価を平均したものよ。日経平均を見ると日本の株式全体の大まかな値動きがわかるわ。簡単にいうと、日経平均株価に連動したインデックス型は、この２２５社を全部買ってしまえば、自動的に値段が連動するわね。２２５社の株価を全部足して、２２５で割る。これが日経平均株価よ。

日経平均株価を目標にした投資信託だね！

東証株価指数は日経平均株価と比べて会社数が多く、現在２０００社を超えているわ。すべての会社を買うという意味では、より多くの会社が入っている東証株価指数のほうがリスクは小さいといえるわね。

東証株価指数のインデックス型は、日経平均株価のインデックス型より、値動きが穏やか。なぜなら約10倍も会社の数が多いので、分散しているからだね！

そのとおり！

もうひとつのアクティブ型は、利益がベンチマーク（目標）を上回ることを目標にして運用されるの。そのため、運用の担当者がよい会社や値上がりしそうな会社を選んで買う。インデックス型に比べて担当者の手間がかかるわ。

手間？

だって、平均以上に儲けようという場合には、その会社を十分にリサーチして、社長に話を聞いたり、工場見学に行くこともあるのよ。インデックス型はその指標にある会社を機械的に買っていけばいいけれど、アクティブ型は人件費がかかるの。

投資信託にはふたつの運用方法がある

・インデックス型：目標を決めて、その目標と同じ動きをすることを目指す
・アクティブ型：目標を決めて、その目標を上回ることを目指す。運用担当者がよい会社をリサーチして、上がりそうな銘柄に投資する

投資信託の手数料を見極める

ももちゃん、投資信託を運用する担当者はボランティアで運用していると思う？　きっとその人にも家族がいて、子どもがいるかもしれない。猫を飼っているかもよ？　だから、運用というお仕事に対して、給料を払うわ。それから投資信託の運用会社の事務員の給料、家賃や光熱費、広告宣伝費などさまざまな費用がかかる。

仕方がないよね……。

投資信託の手数料には3つの種類があって、このうち運用に関係する手数料のことを運用管理費用、あるいは信託報酬って呼んでいるの。この手数料はね、インデックス型は低め。アクティブ型は高めだから覚えておいてね。

はーい！

たとえば、運用管理費用が２％の投資信託って、どんな意味かな？

わからなーい！

ここが理解できないと大損するわよ！　運用管理費用が２％ということは、その商品を保有していると１年あたり、２％が資産から差し引かれるという意味よ。つまり、なにもしなくとも毎年２％ずつ財産が減っていく。ね、大変でしょ？

え？　それはひどい。ありえないよ！

でしょ？　１００万円投資したら、毎年２万円減るわ。でも、安心してね。世の中には運用管理費用が０・１％くらいの商品もあるから。手数料の低い投資信託を選ぶことが、資産を増やす大きなポイントになるわ。その差は歴然よ！　毎年、毎年、２％の複利だから、２％と０・１％では大きな差が出てしまうの。

どれくらい大きいの？

運用管理費用　0.1%と2%の比較

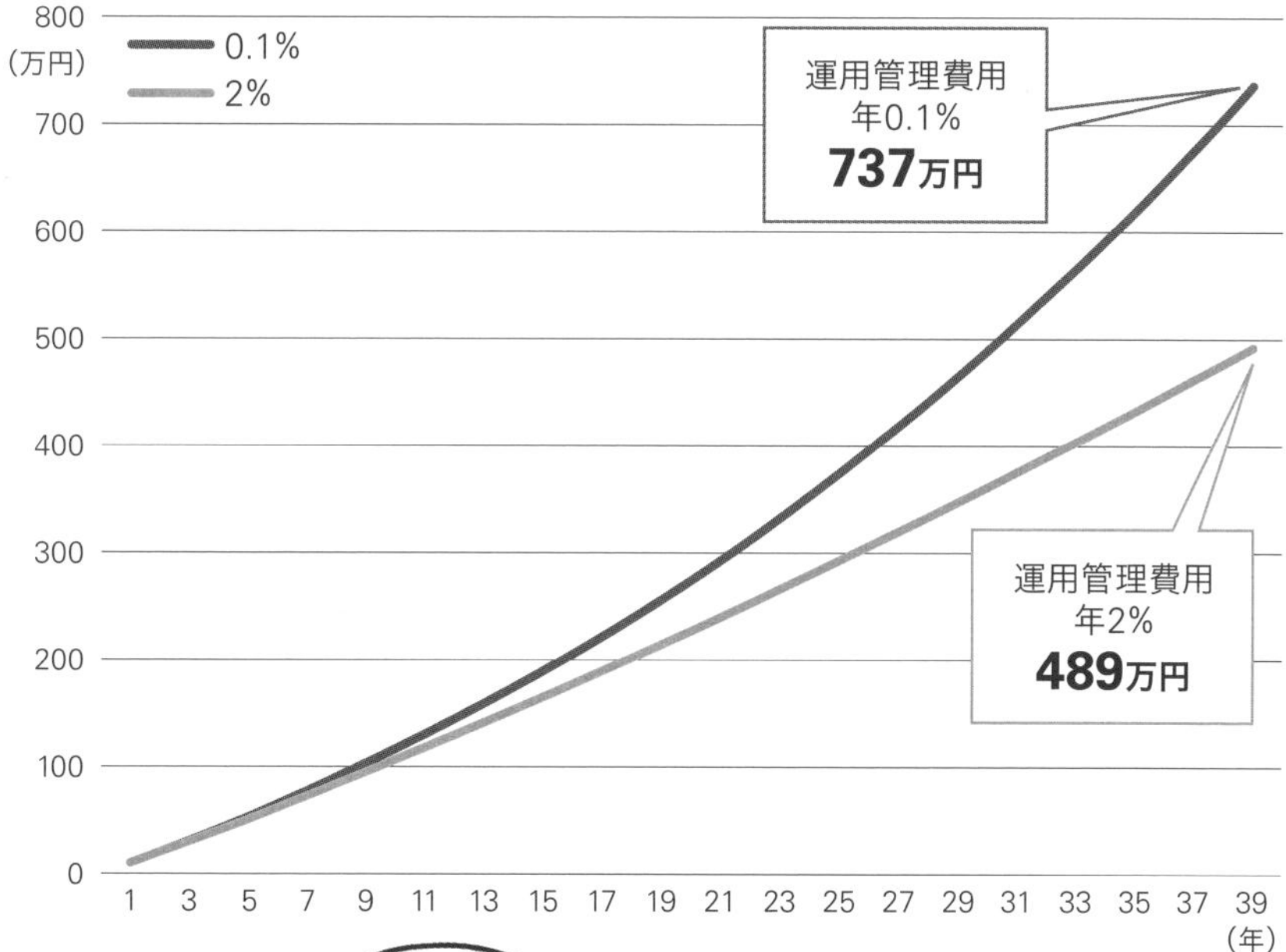

※それぞれ3%のリターンがあったとする

1年あたりのリターンが平均で3％の投資信託があったとするわね。運用管理費用の違いがどんな影響があるのか検証してみましょう。ひとつは運用管理費用が2％、もうひとつの運用管理費用は0・1％よ。毎年10万円を積立投資して、40年後にはいくらになるでしょうか？　単純に積み立てると、400万円ね。

10万円×40年＝400万円

発表します！　2％と0・1％の運用管理費用の差は、40年で248万円になるわ!!
3％のリターンから運用管理費用を引く。2％なら、毎年のリターンは1％しかない。でも、0・1％の投資信託なら、リターンは2・9％！　その差は歴然ね。

驚き！　手数料が違うだけでこんなに差がつくの？

そうよ。どの投資信託を選ぶかによって、自分の資産に大きな影響があるの。わずか年間10万円で計算したけど、4倍の40万円を積み立てた場合には、1000万円の違いが出るわ。

手数料の違いって本当に大きいんだね。気をつけるよ。

まとめ

・運用管理費用の安いインデックス型の投資信託を選ぶ
・同じインデックス型でも、運用管理費用が違うので気をつける

投資信託の購入時手数料を払わないコツ

2つ目の手数料は、投資信託を買うときに払うわ。この手数料は購入時のみに払うので、購入時手数料といいます。投資信託を買った銀行や証券会社に支払う必要があるの。販売手数料と呼ぶ場合もあるのよ。

まだあるのー？

左のイラストを見て！　こんな感じかな？

ひえーー！

この購入時手数料は、購入する投資信託の代金に応じた割合でかかってくるの。3・3%の場合に10万円分の投資信託を買ったら、代金とは別に購入時手数料が3300円かかる。今、3・3%の例を挙げたけど、実際には商品によって異なるわ。2・2%なら2200円よね。銀行

窓口で投資信託を買うと手数料がかかる

お客さま、投資信託のお買い上げ
ありがとうございます。
商品への責任ある説明コストとして
代金の3・3％を頂戴します！
銀行

投資信託を買うときに1度だけ、「購入時手数料」を払う。証券会社や銀行などの窓口（対面）の場合2〜3％、ネット証券では1％台など、買う場所や商品によって異なります。

や証券会社いわく、「投資信託を販売する際、販売員が投資信託の概要、リスクなどについて説明するのにかかるコスト」だといってるけど、最近はネット社会だからね。

お金がなくなっちゃう〜。

その感覚は正しいわ。金融機関はね、金融の知識に疎い私たちから、あの手この手で手数料という名目でお金を取り上げていくのよ。

……。

まあまあ落ち着いて。購入時手数料は、どの金融機関から買うのかによって違う。たとえば、銀行の店頭で買うと3・3%だけど、ネット証券で買うと1・05%とかね。同じ投資信託でも、ど

同じ投資信託でも買う場所で購入時手数料が違う

購入時手数料

ファンドの費用 ●投資者が直接的に負担する費用

購入時手数料

購入価格に対して以下の範囲内で販売会社が定める率をかけた額とします。

利率	役務の内容
上限3.3%（税抜3%）	商品の説明、購入に関する事務コスト等の対価として、購入時にご負担いただくものです。

銀行や証券会社が上限3.3%の範囲内で決める

こで買うのかによって購入時手数料が異なるのよ。最近では、購入時手数料がない商品も増えてきているわ。購入時手数料がない投資信託を選べばいいわね。

どうやって見分けるの？

「購入時手数料なし」または「ノーロード」って書いてある投資信託を選ぶこと！

ロード？　道？

違う違う。道は「Road」。これは「Load」といって荷物とか負担という意味よ。負担がない投資信託。つまり、購入時手数料がないってことなの！

わーい。ノーロードにする！

でも、ちょっと待ってね。ノーロードという理由だけで投資信託を選んではいけないわ。さっき話したように運用管理費用も含めて考えることが大切。なぜなら、購入時手数料がない代わりに、運用管理費用が高い投資信託もたくさんあるのよ。購入時手数料は1回しかかからない

「ノーロード」だけに振り回されないこと

購入時手数料のかからない「ノーロード」商品に目を向けましょう。しかし、ノーロードの中には「運用管理費用」が高い商品も多く、かえって高くついてしまうことも。「購入時手数料」と「運用管理費用」は目論見書で必ずチェックしましょう！

けど、運用管理費用は保有している間はずっとかかるんだったわよね。

騙された気分……。

だからいってるでしょ。悪い人たちは、金融知識に疎い人からお金を取り上げて、儲けようと思っているの。購入時手数料と運用管理費用は、必ず目論見書をチェックしてね。

投資信託の説明書を「目論見書（もくろみしょ）」と呼ぶ

かあさん、また難しい言葉が出てきた。目論（もくろ）む……わかった。金融機関が僕たちからお金を取り上げようと、よからぬことを考えてるってことだね？

ももちゃん、すっかり疑い深くなっちゃって……。かあさんが悪かったわ。「目論見書」はね、投資信託説明書といって、怪しいものではないの。目論見書になにが書いてあるのかというと、その投資信託の特徴、しくみ、投資の目的と対象、運用方針、購入時手数料や運用管理費用などのコストに関する情報が記載されているの。

なんだトリセツか……。

そう。投資信託に関する大切なことが記載されている。それから、投資信託のことをファンドとも呼ぶから気をつけてね。目論見書は、販売会社や運用会社のホームページからダウンロードすることができるわ。まず「ファンドの目的・特色」に書いてあることを理解しましょう。

？？？

たとえばこの商品はね、アメリカの株価指数をベンチマーク（目標）にしています。投資信託のリターンがこのベンチマークに連動するように運用をするのよ。S&P500指数は、日本の株価指数の東証株価指数と同じように、アメリカの株式全体の動きをだいたい反映していると思ってね。

うん。

ファンドの目的を見ると、「S&P500指数の値動きに連動する投資成果をめざします」って書いてあるでしょ。

それから、ファンドの特色の最後に「為替ヘッジは行いません」とある。これは、「為替変動の

目論見書でファンドの内容をしっかり理解する

ファンドの目的	S&P500指数（配当込み、円換算ベース）の値動きに連動する投資成果をめざします。
ファンドの特色	S&P500指数（配当込み、円換算ベース）に連動する投資成果をめざして 運用を行います。
	S&P500指数（配当込み、円換算ベース）をベンチマークとします。
	原則として、為替ヘッジは行いません。
主な価格変動リスクと留意点	この商品がどのような要因によって影響を受けるか書いてあります。為替リスク、信用リスク、価格変動リスクなど。
ファンドの費用	購入時手数料、運用管理費用、信託財産留保額など、投資信託にかかるコストを把握しましょう。

三菱UFJアセットマネジメント eMAXIS Slim 米国株式（S＆P500）の交付目論見書（2023年7月25日）より作成

影響を受けます」ということなの。この商品は円安や円高など、為替が変化するとこの商品の価格も変化するという意味よ。

円高、円安ね。ドルの資産を持っていると、円高損する。円安得する……。

この投資信託はS&P500指数の変化と、為替の変化のふたつの理由で価格が動くわ。

投資信託で差し引かれる3つの手数料

ちょっと難しいけど頑張る！　で、肝心の手数料はどうやって見るの？

投資信託の手数料は、購入時手数料と運用管理費用について説明をしたわね。本当は投資信託の手数料は3つあるの。

え〜っ、まだあるの〜！

目論見書の「ファンドの費用」をふたつピックアップしたから、一緒に見ましょう。最初は購入時手数料よ。上のA投資信託は、3・3%ね。でも、下のB投資信託は「ありません」って書いてあるわ。

投資信託の手数料は3つある

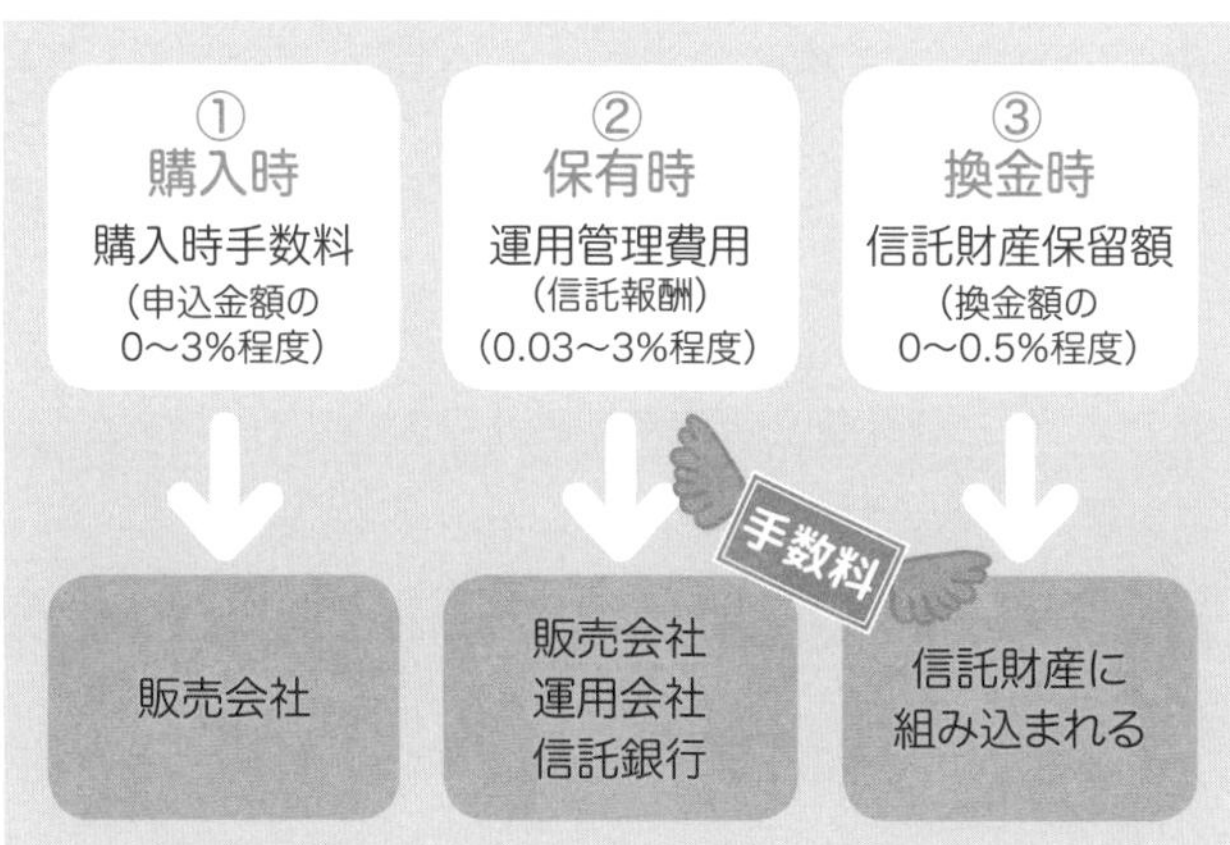

断然、下のほうがいいね！

そうね。それから注意することがあります。上のA投資信託の費用の2段目に「信託財産留保額」と書いてあるのがわかる？　この信託財産留保額は、投資信託を売ったときに払うの。そしてそのお金は、投資信託の財産の中に残してくるので、金融機関が受け取るわけでないわ。解約時の現金化に必要なコストを、その投資信託を解約する人が負担して、投資信託の財産の中に残してくるのよ。信託財産留保額は、解約しない人たちで山分け（そんなにたくさんないけど）するのよ。

ファンドの費用はしっかりチェックしよう

ファンドの費用

A投資信託

投資者が直接的に負担する費用	
購入時手数料	**購入申込受付日の基準価額（当初申込期間は1口＝1円）に3.3%（税抜3.0%）を上限として販売会社が定める手数料率を乗じて得た額とします。** ※詳しくは販売会社までお問い合わせください。購入時手数料は、商品の説明、販売の事務等の対価として販売会社が受け取るものです。
信託財産留保額	換金申込受付日の基準価額に対して0.3%の率を乗じて得た額をご負担いただきます。
投資者が信託財産で間接的に負担する費用	
運用管理費用（信託報酬）	**日々の信託財産の純資産総額に対して年利1.573%（税抜1.43%）を乗じて得た額とします。** 運用管理費用（信託報酬）は、ファンドの計算期間を通じて毎日計上され、ファンドの基準価額に反映されます。なお、毎計算期間の最初の6か月終了日および毎計算期末または信託終了の時に、信託財産から支払われます。 運用管理費用（信託報酬）＝運用期間中の基準価額×信託報酬率

B投資信託

投資者が直接的に負担する費用	
購入時手数料	ありません。
信託財産留保額	ありません。
投資者が信託財産で間接的に負担する費用	
	運用管理費用（信託報酬）の総額は、以下の通りです。 日々の純資産総額に対して、年率0.09372%（税抜0.08520%）以内をかけた額
	1万口当たりの信託報酬：保有期間中の平均基準価額×信託報酬率×（保有日数／365）
	※上記の計算方法は簡便法であるため、算出された値は概算値になります。

どっちがいいのかな？

解約時に必ず0・3%取られてしまうわ。基本的に信託財産留保額がない投資信託を選びましょうね。下のB投資信託には信託財産留保額は「ありません」って書いてあるでしょ。

ますます、下のほうがいいね！

3つ目は運用管理費用。上は1・573%。下は0・09372%。

下の商品に決定―

目論見書は思ったよりやさしく書いてあるから、心配いらないわ。運用管理費用を探すときは、PDFの検索機能を使うと簡単に見つかるわよ。

まとめ

- 購入時手数料のない（ノーロード）投資信託を選ぶ
- 同じような運用なら運用管理費用の低い投資信託を選ぶ
- 信託財産留保額のない投資信託を選ぶ
- ネットの情報を鵜呑みにせず、目論見書を確認すること

目論見書のリスクはどうやって見るの？

かあさん、リターンはなんとなくわかった。1年あたり何%儲かったのかでしょ？　でもね、リスクがわかりにくいんだけど……。

リスクは左ページのグラフのように書いてある目論見書が多いわ。どのように見るのかを説明するわね。この投資信託は先ほどと同じ、アメリカのＳ＆Ｐ５００指数に連動する商品よ。まず、右上に２０１７年５月末から２０２２年４月末と、期間が書いてあるでしょ。

うん。

一番左側のファンドって書いてあるのが、この商品のリスクよ。そしてその右側にずらっと並んでいるのが、日本株とか先進国株、新興国株、そして、日本国債、先進国債、新興国債。つまり、この投資信託のリターンの動きをほかの金融商品と比べてどうなのかを説明しているわ。このグラフは真ん中がゼロなの。つまり、真ん中はリスクがゼロなので、投資した金額から動かないことよ。ゼロから上下に数字が○○％って書いてあるのは、17年から22年までの5年間の各年のリターンの最高と最低を示しているの。

？？？

たとえば、右から3つ目の日本国債は、この5年間の最高リターンは、5・4％の年があった。でも、マイナス4・0％の年もあった。これが最低の年だったわ。そしてこの5年間を平均したら、1年あたり0・1％のリターンだったの。つまり、2017年に10万円を日本国債に投資したら、毎年0・1％ずつ増えたという意味になるわ。

増えないねー！

目論見書を見ればリスクがわかる

ファンドとほかの代表的な資産クラスとの騰落率の比較（2017年5月末～2022年4月末）

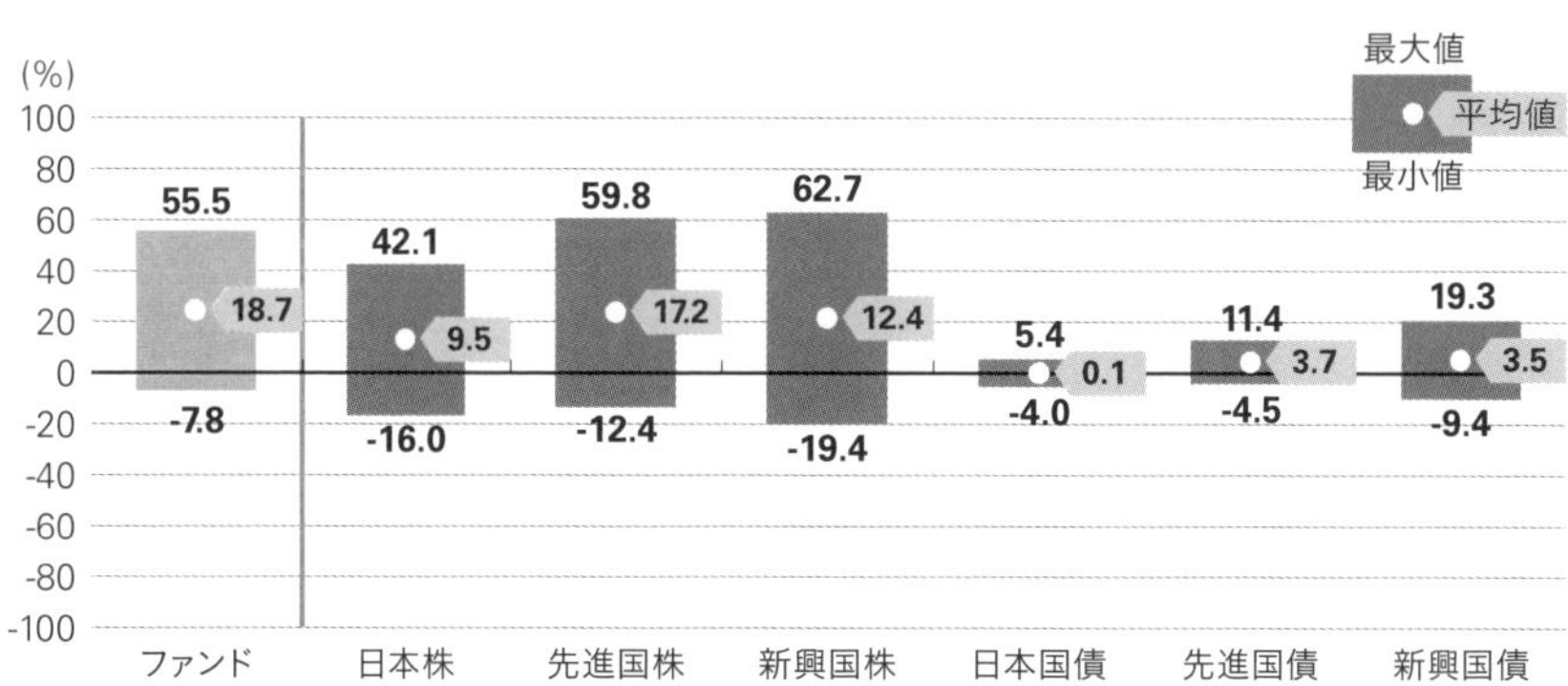

ファンドの年間騰落率はベンチマーク（2019年6月以前）の年間騰落率を含む

債券はリスクが小さいから増えない。でも、海外の債券は為替が動くから大きなリスクがあるわよ。先進国債を見て。最高11・4%。最低マイナス4・5%。平均で3・7%ね。

いいじゃん3・7%！　毎年、3・7%でしょ？

そう。平均だからね。先進国の国債は、日本の国債と違って、金利が高いこと。それから為替が動くとリターンが動くようになっているわ。

そうなんだ。

さて、このS&P500に投資している商品（一番左のファンド）は、最高で55・5%リターンが出たときもあれば、7・8%マイナスになったときもあるって。ほかの資産に比べてマイナス幅が小さいわね〜。アメリカの株は先進国全体の株よりも値下がりしなかったということよ。

日本の株は、最高42・1%。最低マイナス16・0%だったことがわかるわね？　日本株でも、平均で9・5%も利益が出ている。先進国や新興国の株は、為替の動きもあるから、日本の株の値動きより大きくなるのよ。

リスクって、リターンがどれだけ動くかって意味？

そう。投資した金額をゼロとして考える。ゼロからどれだけリターンが動いたのか。年によって上がったり、下がったりだから、その最高値と最低値が書いてあるからね。1年あたりで「上がった」「下がった」と喜んだり悲しんだりしないで、さっきみたいに10年以上の長期で考えてね。

このように、自分が買う予定の投資信託のリスクは、それぞれの資産と比べて、値動きが大きいか小さいかがひと目でわかるようになっているのよ。

まとめ

- リスクはリターンがどれだけ動くかという意味
- リスクがない預金は儲けがない
- リスクがある商品は、儲けるチャンスがある！

投資信託を買ってみる

投資信託ね。買ってみようかな。どうやって買うの？

いい？　大切なことは、銀行とか証券会社に行かないで自分で選ぶことよ。銀行に、「投資信託ください」って買いに行ってごらんなさい。鴨が葱を背負って食べてくださいって、いっているようなものよ！

かわいそうに……。手数料の高い商品を売りつけられるんだね～。

そのとおり。そうならないためにも、まずＳＢＩ証券や楽天証券、松井証券などのネット証券に口座を作ってね。店舗がなければ家賃も人件費もかからないでしょ。手数料が安くなっているわ。営業の電話もかかってこないから安心ね。

でも、自力でやるんだよね？　難しそう……。

ノコノコと投資信託を買いに行かない

銀行や証券会社に投資信託を買いに行くのは絶対にNG。鴨が葱を背負って行くようなもの。銀行や証券会社の儲けが多い（手数料の高い商品）を売りつけられないためにも、投資信託を買うのはネット証券一択です！

投資信託を選ぶコツは、NISAのつみたて投資枠の対象となっている商品を選ぶことよ。NISAについてはあとで詳しく説明するわね。投資信託がつみたて投資枠の対象となるためには、金融庁の厳しい基準を満たす必要があるの。

金融庁のお墨付きということだね？

そう。購入時手数料はゼロ、いわゆるノーロードね。それから運用管理費用が一定水準以下であることが要件になっているわ。たとえば、国内のインデックス型なら0・5％以下ね。よく例に挙げているS&P500指数に連動する商品は、三菱UFJアセットマネジメントの「eMAXIS Slim 米国株式(S&P500)」。イーマクシス・スリム・シリーズは手数料が安いからぜひ覚えておいてね。アメリカだけでな

つみたて投資枠の運用管理費用の上限

	インデックス型	アクティブ型
国　内	0.5%以下	1%以下
海　外	0.5%以下	1.5%以下

く、「eMAXIS Slim 先進国株式インデックス」という商品もあるわ。目論見書を見ると、先進国といっても、全体の72%がアメリカの株式ね。次はユーロで10%くらいよ。

ということは、米国株式（S&P500）と先進国株式インデックスの2つに投資しても、両方ともアメリカに投資しているのとほぼ同じだということだね。

そのとおり。ほかには新興国や不動産や債券に投資する商品まで、たくさんあるわ。選ぶのが大変ね。「eMAXIS Slim 全世界株式」なら1つでよいから楽よ。私なら、日本株（日経平均）、先進国株、新興国株の3つにするわ。

僕はどうしようかな……。

自分に合った資産の組み合わせを考えよう

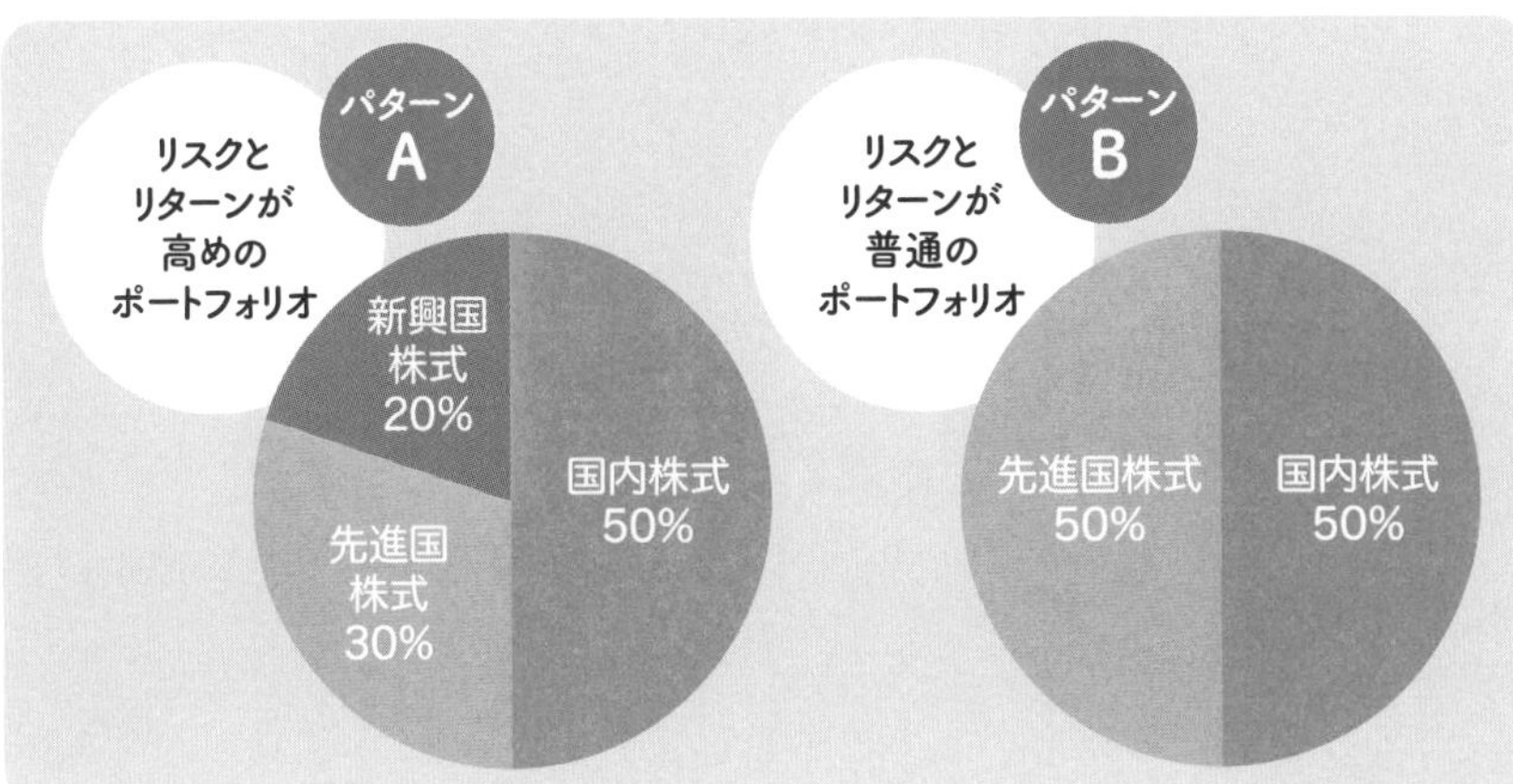

たとえば、松井証券では、投資信託のAIアドバイザーからポートフォリオの提案を受けられるの。

ぽっ、ぽっ、ぽーとふぉりおー？？

ポートフォリオは、資産の組み合わせのことよ。たとえば、国内株式50％、先進国株式30％、新興国株式20％というように割合で指定してくれるの。具体的な商品名も教えてくれるわ。手数料や運用状況など、調べてみてね。高めのリターンを得たい人は、新興国株式を組み入れるといいわ。それほど高くなくてもいいなら、日本株式と先進国株式を半分ずつ持つといいわね。

ふーん。

こんな風に自分に合った資産の組み合わせをポートフォリオと呼んでいるのよ。

お勧めの投資信託はどれ？

かあさん、お勧めの投資信託を教えてー！

2つ選ぶなら、日本株式は「ニッセイTOPIXインデックスファンド」、海外株式は「eMAXIS Slim 先進国株式インデックス」ね。まずはこの2本を買ってね。日本と海外の先進国の株をすべて買う、ということよ。

大丈夫かな……？　日本は少子高齢化で人口が減っていくんでしょ。日本の経済は大丈夫なのかな？　インドとは逆だよ。

日本の株式はみんなが知っている有名企業が多く、投資する対象として親しみやすく信頼できると思うわ。

そうだね。安心感はある。

それから、日本が少子高齢化の国だということは、世界中の多くの人が知っているのよ。プロの投資家でも私たち個人もみんな知っている。それでも、世界各国の投資家が日本株式を買っているから、ここ最近はずっと値上がりしているのよ。

確かに！

値上がりしているってことは、みんなが日本株式を買っているということ。日本の経済に、否定的な気持ちを抱いていないということよ。

でもさー、外国の投機筋（とうきすじ）みたいな怖い人が、ワーッと買って、ワーッと売ると下がっちゃうんじゃないの？

かあさんお勧めの投資信託

銘柄	運用会社	ベンチマーク	運用管理費用
ニッセイ TOPIX インデックスファンド	ニッセイ アセットマネジメント	東証株価指数（TOPIX）	0.143%
eMAXIS Slim 先進国株式インデックス	三菱UFJ アセットマネジメント	MSCI コクサイ・インデックス	0.09889%以内

そりゃあ、プロの世界だからそういう人もいる。でも、全員じゃない。それをいったら日本株式だけじゃなくて、世界中の株式も同じよね？　とくにアメリカの株式なんて、史上最高値を更新中だよ！

ひぇ～、いつか下がりそう……。

株価は常に上がったり、下がったりを繰り返している。上がりっぱなしや、下がりっぱなしということはないの。そして、株価が上がるか下がるかは、誰もわからない。運用のプロだってわからないのよ。だから、たくさんの会社に分散されている投資信託を買うのが一番いいの。株価は将来その会社がよくなるってみんなが思ったら、値段が上がっていくわ。

投資信託が証券取引所に上場したらETFと呼び名が変わる

じゃあ、この2つを買うようにみんなにいうね。

ももちゃん、ちょっと待って！　本当はね、ETFを買ってほしいの。

ETF……？（また怪しいのが出てきた……）

ETFは上場投資信託といって、証券取引所に上場してる投資信託よ。

証券取引所ってなに〜？　上場ってなんなの〜??

簡単よ。まず証券の意味は、株式や債券、それから投資信託のこと。これらの証券を取引する場所が証券取引所なの。まぁ、市場（いちば）みたいなものね。私たちは証券会社に注文する。そして、証

券会社が証券取引所に注文するのよ。

ふ〜ん。

それから上場はね、証券取引所に登録してもらって世界中の人がその証券を買えるようにすること。どんな会社でも上場できるわけではないわ。取引所では上場のルールがあるから、それなりの利益があって、経営に問題のない会社や投資信託じゃないと上場できないの。

上場しているってことは、信頼できるってこと？

そういう意味ね。普通の投資信託は、銀行でも買えるけど、上場している投資信託は証券会社でしか買えないの。

証券取引所で買うんじゃないの？

実際の取引は証券取引所で行うけど、私たちは直接、証券取引所に注文を出せないの。証券会社が注文の取り次ぎをしてくれるわ。

ふ〜ん。じゃあ、普通の投資信託と上場している投資信託の違いはなあに？

運用管理費用が安いの〜！　運用管理費用が安いとその分、資産が増えるんだったわよね。「ニッセイTOPIXインデックスファンド」は、0・143％とかなり低いのよ。でも、「i-シェアーズ・コア　TOPIX　ETF」は0・0495％だから、その差は0・00935％。しかも1口ずつ買えるわ。今なら2300円くらいかな。ここだけの話なんだけどね、「i-シェアーズ・コア　TOPIX　ETF」は日銀が買っている銘柄よ。

天下の日銀が？

こういうのをコバンザメ戦略といいます（笑）！　おこぼれがあるといいね!!

いいね！　でも、ほんのちょっとの運用管理費用のために証券会社に行きにくいな。銀行より怖いよね？

銀行も証券会社も窓口に行かなければ、怖くない。そう、ネット証券よ！　手数料を少しでも安くしたいなら、ネット証券でETFを検討してみてね。そして左下の表の4つめのETFは、

少しハードルが上がるわ。

なにっ？

海外ETFといって、海外の証券ね。日本のETFよりもさらに運用管理費用が低いから、考えてみてね。慣れてきてからでいいから。3番目と4番目の商品の運用管理費用は、0・139%も差があるのよ。

細かい……。

3番目までは日本のETFで、4番目はアメリカのETF。複利で考えると、たった0・139%でも30年では4・2%になるからね。
（1＋0・00139）30乗＝1・04255

……

さらに運用管理費用が安いETFに注目！

銘柄	運用会社	ベンチマーク	運用管理費用	ETFの国籍
iシェアーズ・コア TOPIX ETF	ブラックロック	東証株価指数（TOPIX）	0.0495%以内	日本
上場インデックスファンドTOPIX	日興アセットマネジメント	東証株価指数（TOPIX）	0.0748%	日本
iシェアーズ・コア MSCI 先進国株（除く日本）ETF	ブラックロック	MSCIコクサイ・インデックス	0.209%程度	日本
バンガード トータル ワールド ストック ETF	バンガード	FTSEオールワールド・インデックス（先進国や新興国を含む47か国、約2900銘柄を網羅）	0.07%	米国

リバランスのススメ

さて、日本株式50％、先進国株式50％のポートフォリオを組んだとしましょう。何年も積立を続けていくと、この割合がずれてくるの。たとえば、日本株式の割合が65％になったと仮定するわ。ももちゃん、こんなときはどうする？

喜ぶー♪

そうね。喜んでもいいけど……。でも、日本株式が値上がりしたとは限らないわ。もしかしたら先進国株式が値下がりしたので、日本の株式の割合が高くなったかもしれないわよね〜。

……。

いずれにしても、最初に決めた割合からずれたときには、必ずやってほしいことがあるわ。それは、元のバランスに戻すことよ。

バランスを戻す？？

最初の日本株式50％、先進国株式50％に戻すのよ。具体的には、日本株式を15％分売ってそのお金で、先進国株式を買うの。あるいは、積立をしている場合には、翌月以降、バランスが50％50％になるまで、日本株式を買うのはお休みして、先進国株式だけを買っていくのよ。

何の意味があるの？

「リバランス」といって、最初のバランスに戻すのよ。同じ運用であれば、リバランスする、リバランスしないによって、資産の増え方が違うわ。なぜなら、リバランスをすることで、高い商品を売って安い商品を買うということを行っているの。儲けの基本は、安く買って高く売る

ポートフォリオのバランスがずれてきたらリバランスを

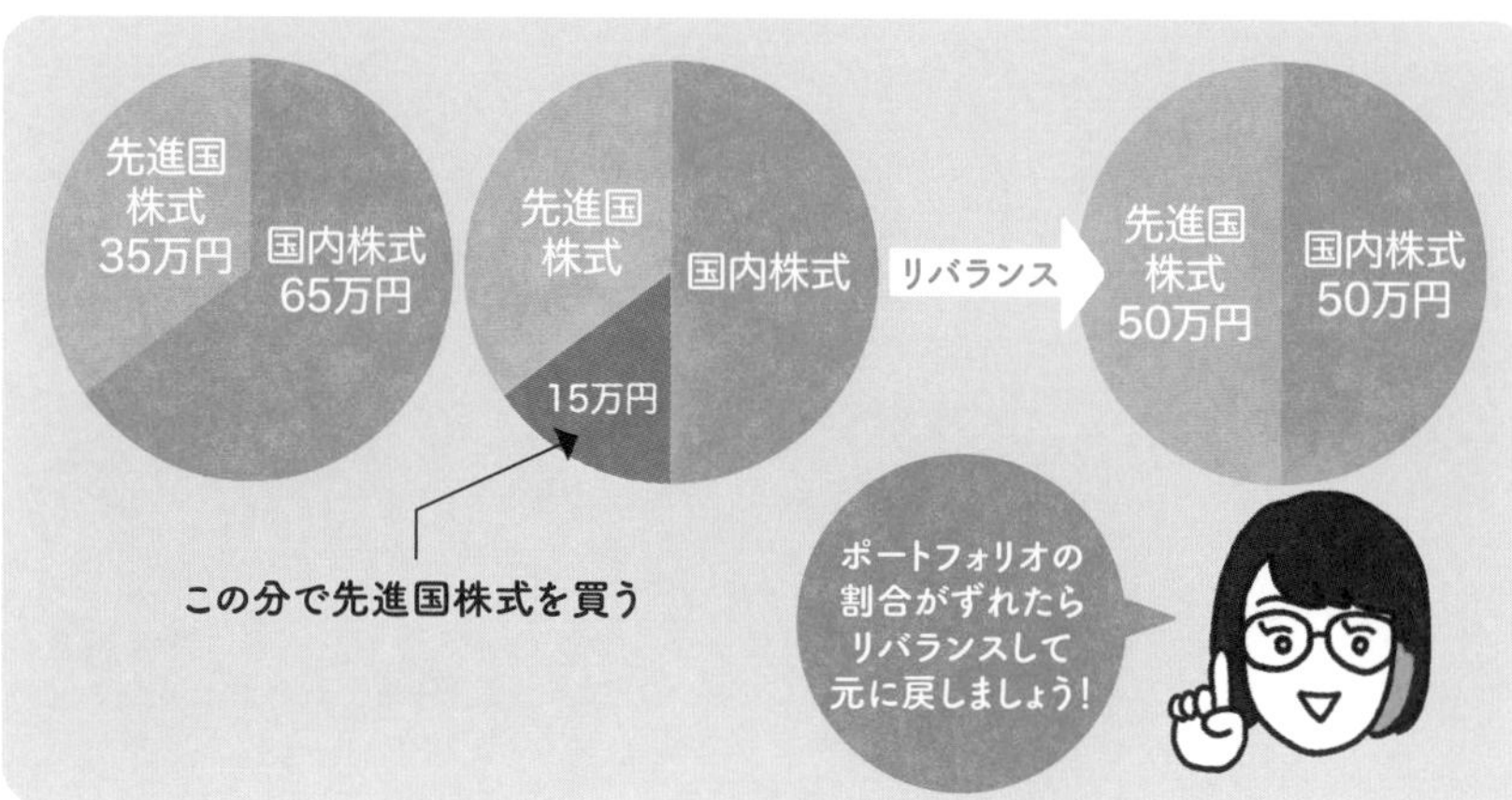

だったわね。

ちょっとでもずれたら、リバランスするの？

10%とか多少のずれは無視していいわよ。

第6章

インフレに負けない投資を極める

なぜ、今ゴールド投資なのか

金の価格が上昇し続けています。２０２０年８月の平均した金価格は1グラム６７５７円でしたが、３年後の２０２３年８月４日は９９４６円。10月にはいよいよ1万円を超えました。株式の価格は、コロナショックやリーマンショック、あるいは大地震などの影響を受けて乱降下します。

そんななかでも金は、大きく価格を下げることなく、順調に推移しています。また、金は「モノ」であるため、モノの値段が上がるインフレでは、金の値段も一緒に上がる傾向があります。インフレ時代にぴったりな守りの資産、それが金投資です。更なるインフレに備えて、値段が上がる商品に投資をすることを考えていきましょう。

インフレに負けない方法は、物価が上がるのと同じか、物価以上に値上がりする商品に投資をすることよね。資産を守る方法として、投資信託のお話をしたわ。これからもうひとつの方法、金について話すわね。

金か。考えたことなかったな〜。

金に投資することは、自分のお金を守りながら増やすことよ。金に投資をする魅力は3つあるの。ひとつ目は実物資産なので、金の価値がなくならないこと。株式はその会社が破綻してしまうと、価値はゼロになってしまう。でも、金はそのものに価値があるのよ。

実物資産ってなに？

不動産や貴金属など実際に形があるものは実物でしょ。そして、それ自体に価値があるものを実物資産と呼ぶのよ。これに対して、預金や株式などを金融資産と呼ぶわ。

実際に存在するもの、かつ、価値があるものね……。

じゃあ、なんで金の価値が高いのかな？

ピカピカして、きれいだからー？

猫も小判の価値に気づき始めた!?

金はインフレに強い実物資産の筆頭格。経済危機や金融危機が起こると株価は下がるが、金は価値がゼロになることはないので、国際情勢の変化にも左右されにくい。今や1g1万円を超え（2023年10月20日現在）、桃太郎もその価値に気づいている様子。

それはね、十分な金が採れないからよ。モノの値段は需要と供給で決まるんだったわよね。金を欲しい人がたくさんいる（需要が高い）けれども、金の量（供給）が少ない。こういうときは金の値段が上がっていく。金は世界中の人が欲しがる資産よ。でも、地下資源だから掘り出す量には限りがあるの。希少性がある、ということは価格が下がりにくい資産だといえるわね。経済危機や戦争などが起こると、みんなこぞって金を買う傾向があるわ。

なんで？

経済危機が起こると、株価が下がるの。経済危機は、たとえばリーマンショック（２００８年）、コロナショック（２０２０年）、ウクライナショック（２０２２年）と、割と頻繁に起こる。経済危機から金融危機が起こるの。

金融危機……？

金融危機が起こると、金融機関の経営が悪化し世界中で景気の後退が起こる。ときには大不況をもたらすこともあるの。リーマンショックでは、１００年に一度の金融恐慌といわれたわ。日経平均株価も、なんと６０００円台にまで値下がりよ。今は３万１０６２円（２０２３年10月

24日現在）だから今の値段の5分の1よ。そしてその影響は世界中に連鎖していったわ。

こ、怖い……。

経済危機や金融危機が起こると、株価が下がるので、売ってしまって、代わりに金をみんなが買うのよ。金は、株式と違って価値がゼロにならないからね。金は、国際情勢の変化に対して強いと考えられている。

そうなんだ。

それから、ふたつ目に書いてある分散投資に最適なの。

え〜と、日本株式と先進国株式の投資信託に分散するんだよね……待って！　その何とかショックが来たら投資信託を売って、金を買うって意味？

違うわ！　売ったり買ったり機動的に動くのは、プロの投資家の話。私たち素人は積立投資が基本なので、なんとかショックでも、値上がりしているときでも粛々（しゅくしゅく）と買い続けるの！

は、はい。

でも、お金が必要なときに金が上がったら売ってもいいわよ。

さ、話を戻すわ。金が分散投資に最適だという理由は、経済危機のときに株価は下がる。そして金は上がる。ね、相殺し合ってリスクが小さくなるわ。金投資はどちらかというと、儲けようと積極的になるものではなく、金を一定割合買い続けることで、ほかの資産の目減り分をカバーするというスタンスよ。

なるほど。守りの資産ってわけだね。

そのとおり。そして、3つ目は現金化しやすいことよ。ちょっと難しい言葉で「流動性が高い」って表現する。

金投資の魅力

実物資産

金は価値がなくならない

金、そのもの自体に価値があり、古代から価値を失ったことがない。
人工的に創り出すことができず、地球上に存在する量が限られている。
希少性がある。

分散投資

分散投資を行うことで、ほかの資産の目減り分を金でカバーできる可能性が高い

預貯金はインフレや円安で、株式は経済の停滞などでその価値が目減りする。
しかし、金は政治や経済が不安定なときに、価格が上昇する傾向がある。

流動性が高い

いつでも現金化できる

店頭で、あるいはインターネットなど、その日の価格ですぐに現金化ができる。
そのため、急に資金が必要なときでも換金しやすい。
実物資産へ投資した場合、年間50万円までの利益は非課税となる。

流動性が高い??

純金コインや金の延べ棒を持っているとするわね。たとえば、銀座の田中貴金属に持っていくとその場で現金化できるって意味よ。

金のお値段

でもさー、金の値段は上がったり下がったり、激しいんでしょ？

上がったり下がったりするけど、激しいってわけじゃあないわ。株式と比べてみましょうか。1973年から2023年の50年間の金と日経平均株価の推移よ。

50年も長すぎない？

長すぎないわ。だって、レオママも茶々丸のご両親もあと50年は生きるわよね？　人生100年時代よ。長生きを想定して、資金計画を立て

50年間の金と日経平均株価の推移

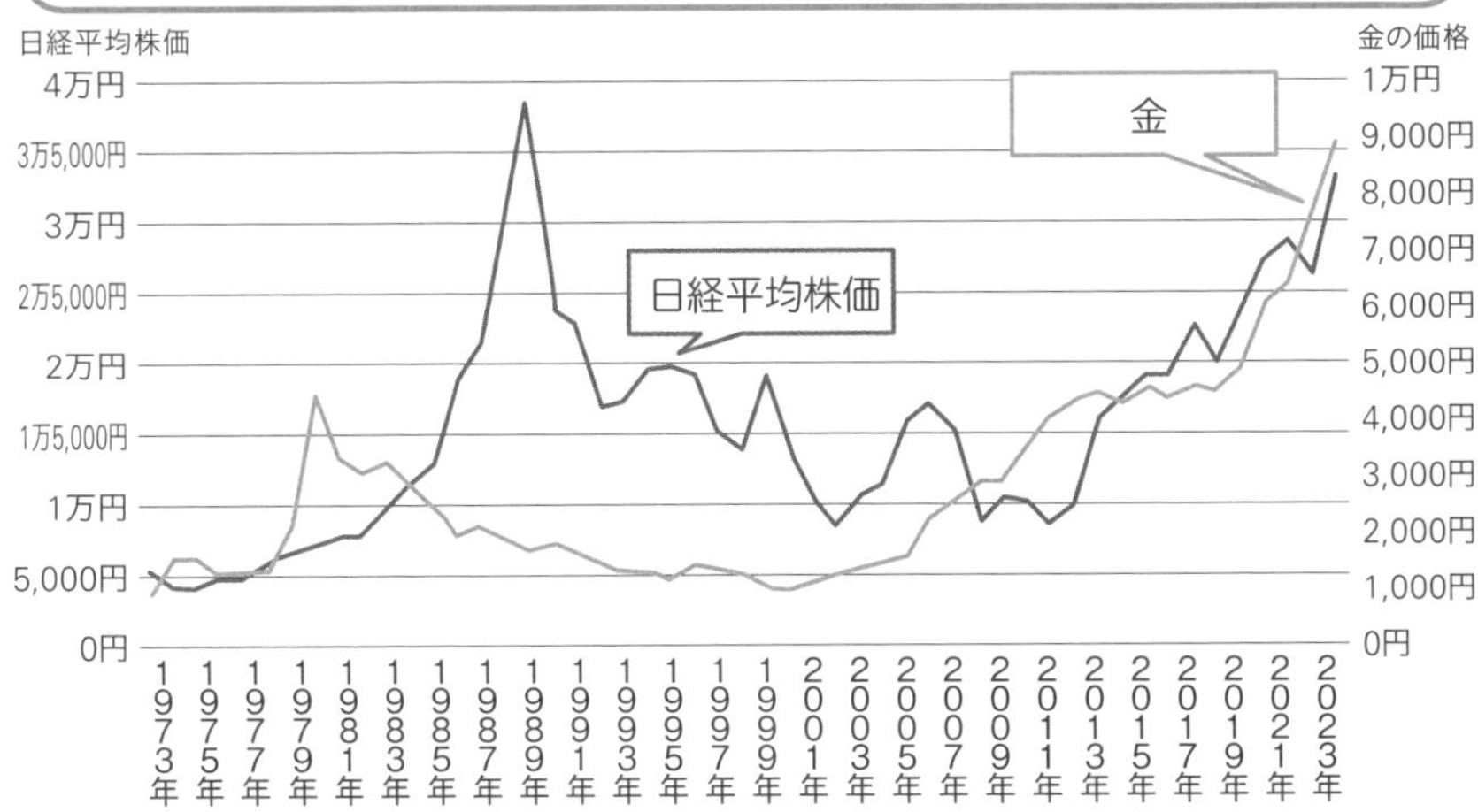

ましょうね。

さて、金の値段は右の目盛りを見てね。確かに、1979年くらいに上がって、その後ずっと低かったけど、2000年から上がっていることがわかるわ。

そうだね。

日経平均株価は上がってはいるものの、1989年の最高値にはまだ届いていないわね。では、ここで金の値段のつけ方について説明するわね。金の値段は、国際的に1トロイオンスあたりの米ドル建てで取引されているの。

ドルで買うの??

大丈夫。私たちは「1グラムあたり○○円」という形で取引をする。大切なことは、金の値段は金自体の変化と為替の変化の両方の影響を受けること。金の値段と為替の値段の両方で、円建ての金価格が決まるわ。

為替。円安で儲かるんだね?

そうよ。今、金の値段が高いわよね。でも、アメリカでは高いには高いけど、日本ほど急激に上がっているわけではないわ。この数年は上がったり下がったりはあるけれど、あまり変化がないの。日本の金価格が急上昇しているのは、円安が進んだからよ。

金のお値段

・1トロイオンスは約31・1グラムで、2023年10月24日の値段は、1986・1ドル。日本では1グラム単位で表示される
・2023年10月24日の1グラムあたりの値段は1万497円

どうやって金を買うのが賢い？

金に投資をする場合には、金地金を買ったり、純金積立、投資信託、ＥＴＦなどさまざまな方法があるわ。

きんちきん？

「きんぢがね」、って読むのよ。金の延べ棒とか純金コインのことを指すの。一番簡単なのは、純金積立ね。それから金融商品として、投資信託とＥＴＦ（上場投資信託）で買えるわ。純金積立は、貴金属商や証券会社で口座を開いてね。

かあさんはどこでやってるの？

田中貴金属さん。もう20年以上お世話になってるわ。

そんな前から！　すごく儲かってそうだねー!!

ううん。最初は3000円からスタートしたし、等価交換でアクセサリーと交換したこともある。値段が上がったときには、一部売ってしまったわ。あのとき売らなければ、今頃もっと上がっていたのに～（涙）。

かあさん、「頭と尻尾は猫にやれ！」って知ってる？　もっとも僕は、真ん中しか食べない。今日はお刺身にしてね！

あら、ももに諭されちゃった。「頭と尻尾」は、一番高いときに売ることも、一番安いときに買うこともできないという、投資の格言よね。頭ではわかっているけど、心がわかってくれないの。でも、お金は必要なときにおろして、使わないとね。何のために貯蓄をしているのかというと、使うためだからね（と、自分を慰める）。

では、ここで貴金属商と証券会社の違いを説明するわね。田中貴金属や三菱マテリアルなどの貴金属商は、会員登録と引き落とし口座を登録する。毎月、あるいはボーナス月などに積み立ててね。一方、SBI証券や楽天証券でも純金積立ができる。ただし、証券会社の場合は、銀行の口座からの引き落としができないから、証券会社の口座に入金する必要があるわ。

投資の格言

頭と尻尾は猫にくれてやれ

大底で買って、天井で売ることは誰にもできない。投資は、ほどほどに下がったところで買って、ほどほどに値上がりしたときに売って利益を確定させることが大切

貴金属商と証券会社、どっちがいいの？

手数料の違いかな。証券会社は買付時に、代金の1・65％を払う。田中貴金属は、2万9000円までなら代金の2・5％と、証券会社よりも割高よ。

どうして、かあさんは手数料の高いところで積立をしているの？

私が純金積立を始めたころはネット証券はなかったし、そもそも証券会社が純金積立を始めたのもつい最近のこと。今さら別の会社に金を持って移動はできないのよ。もちろん、田中貴金属さんの場合、積立を休止できるけど、1年に管理料として1320円を払う必要があるの。

世の中お金だね〜。

ほんと。毎月1万円の積立なら、12万円。12万円の2・5%は、3000円と高いわね。けれど、管理料の1320円と証券会社の手数料1980円（12万円×1・65%）を足すと、3000円を超えるわ。だからかあさんは、割高でもこのままでいいの。仮に少しくらい割安でも、口座が2つになると、管理するのが面倒だからこのままだと思う。

1320円＋（12万円×1・65%）
＝3300円　＞　3000円

毎月1000円程度から始められる純金積立

毎月一定金額を積み立てていく

貴金属商

- 会員登録
- 銀行口座の登録
- 積立・保管
- 引き出し

コイン、1000g、500g、300g、200g、100g、50g、20g、10g、5g
細かく純金で引き出せる

証券会社

- 証券口座開設
- 証券口座に入金
- 積立・保管
- 引き出し

1000g、500g、100g
3種類しかない

じゃあ、これから口座を開く人は証券会社でいいんだね？

そうね。もし、金地金として引き出したい場合は、貴金属商のほうが細かく引き出せるけど、そのために高い手数料を払うのはね～。

あと、楽天証券の場合は、楽天カードからの引き落としにすると0・5％のポイントがつくわ。

純金積立は毎日積み立てる！

たとえば毎月1万円を積み立てる場合は、いつ金を買うの？　だって、1か月の間には金の値段が上がったり下がったりするでしょ。

そうなの。だから純金積立は毎日積み立てるのよ。

毎日～？

たとえば、土日祝日を除いた1か月の営業日が22日だとするわね。1万円÷22日は454円。毎日454円ずつ金を買っていくのよ。1グラム1万497円（2023年10月24日）なら0・04325グラムになるわ。価格が高いときは少しだけ。価格が安いときはたくさん買えるのよ。

なるほどね～！　ドルコスト平均法だ。

パチパチ（拍手）よくできました。注意することは、買うときの値段と売るときの値段が違うことよ。買うときは高め、売るときは安めになっているわ。インターネット取引の場合は、価格が安く設定されていることもあるからね。

純金は毎日購入する

毎月の積立額 1万円 ÷ 営業日数 22日 ＝ 1日の購入金額 454円

1日の購入額 454円 ÷ 店頭小売価格（10/24田中貴金属）1万497円 ＝ 購入重量 0.043250g※

※端数は小数点第7位を四捨五入

	店頭小売価格（税込）	店頭買取価格（税込）
金	1万497円	1万388円

小売と買取価格の差が貴金属商の儲けになる

※2023年10月24日の価格

投資信託で金を買う

「純金積立は手数料が高いからやめたほうがいい」ってネットにたくさん書いてあるよ。

人様の手を煩わせるからね。無料はないわよ。でも、純金積立が割高とは限らないのよ。では投資信託で金を買うコストと比べてみましょう。投資信託で金を買う方法をお話しするわね。

純金投資信託ね……。

次ページの表を見て。純金に投資する投資信託とETF（上場投資信託）を載せておいたわ。見てほしいところは、手数料のところね。まず、一番上の投資信託を見て。購入時手数料は1・1％かかります。

うん。

投資信託だから、運用管理費用がかかるのを忘れないでね。1年あたり運用管理費用が0・99%ということは、1年間で購入時手数料との合計は2・09%にもなるの。2年目は合計3・08%と、驚きの高額手数料になるわ。
手数料を比べるときは、1年間で考えても意味がないの。たとえば、この純金投資信託を30年持っていた場合に引かれる運用管理費用は約34%にもなるわ。

（1＋0・0099）30乗＝
1・3438……　⇒　約34％

金の投資信託でも運用管理費用がかかるの？　別に銘柄を選ばないよね？　金一択だよ。

投資信託のしくみを利用して金融機関が儲けるのよ。投資信託を買うなら手数料を払う。「三菱UFJ純金ファンド」の目論見書を見るとね、運用管理費用は年0・55%って書いてあるわ。

金投資信託とETF（上場投資信託）

種類	名称	購入時手数料	運用管理費用／経費率
投資信託	三菱UFJ 純金ファンド	上限1.1%	0.99%
ETF 国内	純金上場信託	証券会社によって異なる	0.44%
ETF 国内	SPDRゴールド・シェア		0.40%
ETF 米国	iシェアーズ ゴールド・トラスト		0.25%
ETF 米国	SPDRゴールド・ミニシェアーズ・トラスト		0.13%
参考	純金積立（貴金属商）	2.50%	0%

じゃあ、なぜ私が表に運用管理費用を0・99％って書いたのかを発表しまーす！

オーバーだな……。

この商品の目論見書の数字は0・55％。でも、でも実体は0・99％。なぜならこの商品は、2番目に書いてある「純金上場信託」で運用しているの。だから、「三菱UFJ純金ファンド」の0・55％と「純金上場信託」の0・44％を合計すると、0・99％になりまーす！

えー!?　ぜんぜん手間がかからないよね？

だから、広告宣伝費とか、給料とか、事務所などの経費と儲けね。0・99％がいやなら、「純金上場信託」ETFを直接、買おうね。ETFなら証券会社を選べば基本的に購入時手数料はかからないわ。2段目の「純金上場信託」の運用管理費用は、0・44％。30年で14％と投資信託より低くなるでしょ。

（1＋0・0044）30乗＝1・14077……　⇓　約14％

投資信託よりは安い。

ももはさっき、証券会社に口座を開くのはハードルが高いっていったでしょ？　実はほかのみんなも同じことを思っている。だから、この投資信託はそんな人のために親切に銀行でも買える商品を作ってくれたのよ。

うそばっかり……。ＥＴＦを買えば０・44％ですむのに、金融に疎い人から手数料を取り上げようとしてこの投資信託を作ったんでしょ！

バレたか……。運用管理費用をもっと安くしたいなら海外ＥＴＦがいいわね。ちょっと上級者向けだけど。「ＳＰＤＲゴールド・ミニシェアーズ・トラスト」の運用管理費用（経費率）は、０・13％よ。30年では、約４％かな。

（１＋０・００１３）30乗＝１・０３９７４……　⇓　約４％

純金積立は購入時の費用が高いけど、買ったあとは手数料がかからないの。ね、長い目で見ると純金積立の手数料が高いわけではないのよ。

金を売ったときの税金を極める

私が純金積立をいいと思うもうひとつの理由を話すわね。それは、50万円までの儲けなら税金がかからないからよ！

ちょっと待って。税金ってなんですか〜？？？

……。

税金は国や市町村を運営するために、みんなで払うお金なの。会社で働いて給料をもらったり、自営業の人がお金をもらったり、あるいは、株や金で儲けたときに払うのよ。

株や金を買って損したら払わないの？

払わない。あくまでも「儲け」にかかるから、損をしたときには税金はかからないようになってるの。さて、株式や投資信託を売って、儲けが出たときはその儲けの約20％を税金として払わなければならないわ。

20%も？　10万円儲かったら2万円だ。黙っていればわからないよねー。

ももちゃん、黙っていても金融機関から税務署に「どこどこに住んでいる○○さんに儲けをいくら払った」と報告するから、バレます。もっとも、源泉徴収されるから、税金を引いた後の金額しか受け取れないの。

な、なに？　源泉徴収って？？

ももちゃんみたいに税金払わないで逃げる人もいるから、あらかじめ税金を引いた残りしか払ってくれない制度よ。

鬼〜!!

よく聞いて！　純金積立なら1年間に50万円までの儲けなら1円も税金がかからないの。ちょっと難しいけど聞いてね。個人が金地金を売った場合には、譲渡所得として課税対象になるわ。

この譲渡所得に該当すると、50万円まで非課税ってわけね。

なるほど～。純金積立は投資信託に比べると長い目で見た手数料も安いし、50万円までなら税金がかからないってことだね。サイコーじゃない！

金はインフレに強い資産の代表格。かあさんはこのほかに、原油と農産物に投資をしている。だから電気代やガス代が高くなっても、原油の価格が上がっているから大丈夫なの。そうそう、金や原油、農産物などの商品をまとめてコモディティと呼ぶのよ。

すごいね！　ところで、どうやって買うの？　その原油とか……。

ETF（上場投資信託）で買うのよ。本当の原油は持っていても困るもの。ていうか、持てないし……。

この間、美容室で雑誌を読んでいたら、お金のことの記事がたくさん載っていて驚いたわ。光熱費が高騰しているので、「いかに節約するか」っていうテーマね。笑ってしまったのが、とても素敵なIHコンロのキッチンの写真があったんだけどその隣でカセットコンロで調理しているのよ。節約してもせいぜい、1円とか2円でしょ。みんなで原油に投資しようよ！　投資信託とETFのリストを作ったわ。

でも、高いときには買いにくいよね〜。

そんなときこその積立だからね。

そうでした……。

金の話に戻るわね。金は「有事の金」といわれて、なにかしらの危機があったときにみんなが金を買う傾向がある。でも、このみんなというのはプロの人たちだったわね。私たち個人にとって、「有事の金」というのは、いい？　有事に売るのよ！

そうだね。値段が高いときには売らないとね！

金に加え、農産物や原油などのコモディティにも投資する

種類	銘柄名
投資信託	**eMAXISプラス コモディティインデックス** エネルギー、農産物、貴金属、工業用金属など
投資信託	**UBS原油先物ファンド** 世界の代表的商品市況を表す UBS CMCI指数のWTI原油指数に価格が連動するETF証券を中心に投資
ETF	WTI原油価格連動型上場投信

金の希少性から考えて、長い目で積立投資をしていきましょう。資産のうちの10%くらいを目安にするといいわね。

かあさんも10%？

私は昔からコモディティが好きなので、もっと割合が多いの。なぜなら、20年前からいつかはインフレになると思っていたからね。あとで話すけど、iDeCoでもコモディティ投資信託を買ってたわ。だけど、予想よりインフレになるのが遅かったな……。

いつ来るかはわからないインフレ。日本は30年ぶりのインフレが来たんだね。

第7章

得する制度を使い倒す

金融商品の税金は約2割

あのさー、給料からたくさん税金を取られているのに、運用するとさらに税金を取られるの？

税金は、利益に対してかかるからね。たとえば、100万円を投資しました。120万円のときに解約しました。というときは、利益の20万円が税金の対象になるの。受け取った120万円全額にかかるわけではないのよ。

そう？　で、いくら払うの？

投資信託、株式、債券など、みんな2割が税金よ。正確にいうと、20・315％です。

そんなに！

20万円の利益が出たら税金は約4万円

投資した金額		解約時の値段		利益	税金
100万円	−	120万円	=	20万円	4万円

簡単な計算：20万円×20％＝4万円
正確な計算：20万円×20.315％＝4万630円

え～！
利益の20％も
税金で取られ
ちゃうの!!

所得税は、給料が高くなると、税率もどんどん高くなる。けれども金融商品については、高額所得者もそれなりの所得者も一律20%になっているのよ。

え〜、不公平じゃないの?

そんなことないわ。一律20%と聞くと、高く感じられるかもしれない。でも投資をしていると、40年後に利益だけで1000万円になることだって珍しくないのよ。そのときに給料みたいに収入が上がるにつれて税金が上がると、最高で55%も取られるんだからね!

20%で我慢しますぅ〜!

所得税と住民税とは

私たちは、給料から所得税と住民税を払っている。所得が低い人からは、税金を取らないが、普通に働いている人は所得に応じて、所得税と住民税の合計15〜55%の税率で税金がかかる

税金を払いたくないならＮＩＳＡ口座で投資信託を買う

でもね、運用の口座を選ぶと、なんと1円も税金が取られないで利益を全部受け取ることができるのよ！

おかあさま、教えてくださ～い。税金、払いたくありませ～ん！

はい。運用益が非課税になる方法は2つあります！
ひとつ目は、ＮＩＳＡ口座で運用すること。
ふたつ目は、ｉＤｅＣｏ口座で運用すること。

どっちがお得なの？

ＮＩＳＡはいつでも解約してお金を使える。ｉＤｅＣｏは60歳までお金を使えない。だから、両方ともやったほうがいいわ。理由を説明するわね。最初はNISA口座からよ。NISA口座で投資をした場合は、値上がり益や配当金に対して税金が1円もかからないの。絶対に利用してね！

税金を払わなくていいんだね？

そのとおりよ。さっき100万円の投資信託が、120万円になったら、4万円が税金だって、お話ししたでしょ？

うん。

NISA口座なら、税金がゼロなの！投資で少しでも増やすためには、コストを小さくすることって、話したわよね。税金だって、立派なコスト。税金がないほうがたくさん増えるわ。

じゃあ、そのNISA口座を使うね！

ちょっと待って！少し複雑だから、まずNISA口座のしくみを説明するわね。

複雑なのね……。

NISAとは「少額投資非課税制度」という意味よ。NISA口座の中で株式や投資信託を買う場合は税金がかからないの。ただし、NISA口座では、預貯金や個人向け国債、それから債券の投資信託は買えないから気をつけてね。お好みの証券会社でNISA口座を開設しましょう！

2024年からのNISA口座は、「つみたて投資枠」と「成長投資枠」の2種類あるわ。左ページの図の真ん中に「両方OK」って書いてあるでしょ？　これは両方の枠を同時に使うことができるという意味。

何が違うの？

NISAの対象となる金融商品

✕ 預貯金

銀行にお金を預ける（貸す）こと
元本割れすることはないが、
大きく増えるということもない
ノーリスク・ローリターンの商品

NISA 株式・ETFなど

企業に投資をすること
株主となって、
配当金・株主優待などを受け取れる
業績が悪い場合は、
受け取れないこともある

✕ 公社債（国債・地方債・社債）

お金を国や企業に貸すこと
貸している間に利息を受け取る。
約束の期間が過ぎると、
貸したお金が返金される
公社債投資信託はNISAの対象外

NISA 株式投資信託

6000種類以上の投資信託が存在する
NISAの対象は一部の株式投資信託のみ
株式に投資をするもの、不動産や金、
国内・海外など投資対象は幅広い
商品によってリスクとリターンは異なる

つみたて投資枠は、積立、分散投資に適した一定の基準を満たした投資信託だけ（2023年10月4日現在254本）。投資方法は積立投資に限定されているわ。年間120万円だから毎月10万円を投資できるのよ！

いったい誰がそんなにたくさんの金額を投資できるの？

将来、給料が増えたら決して夢みたいな金額ではないわよ！

ふたつ目の成長投資枠は、株式、投資信託、ETF（上場投資信託）、Jリート（不動産投資信託）の中から自由に選べるようになっているの。

こちらは、積立投資でも好きなタイミングで投資する、いわゆるスポット投資もできるわ。

新NISAは2024年から

名称	つみたて投資枠	成長投資枠
	両方OK	
1年間に投資できる金額	120万円	240万円
非課税で運用できる期間	いつまででもOK	
非課税で保有できる上限額	両方合わせて1800万円まで。このうち、成長投資枠は1200万円まで	
投資できる商品	金融庁の基準を満たす長期の積立、分散投資に適した投資信託のみ	株式、投資信託、ETFなど
口座開設できる年齢	18歳	

スポット投資？

スポット投資は１００万円分を一度に買うなど、自分が好きなタイミングで一括で購入することよ。成長投資枠の投資枠は、１年間に最大２４０万円あるわ。

そんなに！

つみたて投資枠も、成長投資枠も年間の投資枠の範囲なら、使いたいほうを使いたいだけ利用できるわ。でも、両方の合計は１８００万円よ。表の非課税で保有できる限度額を見てね。ただし、これは１８００万円のうち、成長投資枠の上限が１２００万円という意味だから気をつけて。積立投資には上限がないので、全部をつみたて投資枠で使うこともできるの。

そんなにお金がありません……。

ううん。30年とか40年など、長い期間をかけて投資していくから、これくらいは必要なの。たとえば、３万円を40年間積み立てると１４４０万円になる。

3万円×12月×40年＝1440万円

国に、「将来のためにこれくらい投資しないと、先々の生活がおぼつかないよ!」といわれている気がする。でも、NISA口座で投資している分はいつでも解約できるから、教育費や自動車の購入費など、幅広く準備することができるわ。

それから、NISA口座は証券会社を選ぶと、ETFや株式を買うことができるの。銀行には売ってないからね。

金融機関を変更できる?

できるわよ。

老後の資金を貯めたいならiDeCo

iDeCoはどうなの？

iDeCoを説明する前に、公的年金と確定拠出年金を説明するわね。まず、年金は3階建てになっているの。誰でも加入しているのが、1階部分の国民年金。そして、2階部分は会社員や公務員など、勤め先の厚生年金に加入している人よ。厚生年金に加入している人は、給料明細を見ると、厚生年金保険料としか書いていないけれども、国民年金と厚生年金に同時に加入していることになるわ。

同時に加入ね。

3階部分は勤め先によって、企業年金がある。確定拠出年金に加入している人もいるわ。

でも、公的年金は勝手に給料から引かれているけど、若い人はもらえないって聞いたよ。

若い人でも、公的年金をもらえないってことはないわよ。けれども、今の高齢者と違って、払った保険料に対して、受け取れる年金額はぐっと少ないでしょうね〜。

いやだ〜。

将来の年金はますます少なくなる。だから、国が自分で年金を作るしくみを作った。それが確定拠出年金という制度なの。この制度には企業型と個人型があって、個人型のことをｉＤｅＣｏと呼ぶのよ。ではｉＤｅＣｏの説明をするわね。

国が自分のことは自分でしなさいって、いってるの？

年金制度は3階建て

その他の年金	3階	確定拠出年金	その人の運用実績によって受取額が決まる。企業型と個人型（iDeCo）がある。60歳以降、受け取ることができる
		企業年金	企業年金の有無や内容は企業によって異なる
公的年金	2階	厚生年金	65歳以降に受け取る 年金額はその人の給料によって異なる
	1階	国民年金	65歳以降に受け取る 国民年金から受け取る老後の年金を「老齢基礎年金」と呼ぶ。40年間、毎月保険料を払った人は、79万5000円（2023年度価格）

そのとおり。「運用はみなさんが自己責任で商品を選んでくださいね。老後に受け取る金額は、自分の運用成績によって違うから、がんばってね」っていったところかしら。

自分で選ぶんだ？

もちろん、iDeCoの中には定期預金や債券で運用する投資信託もあるけど、増やすことには向いていないわよね。インフレの時代だからこそ、資産運用から逃げちゃダメなの。

うん……まあ、わかった。それでどんな制度なの？

iDeCoは、自分で掛金を払って、自分で運用して老後の年金を積み立てていく制度よ。原則、60歳以降に受け取るしくみとなっているわ。ただし、60歳までは自分のお金とはいえ、1円もおろせないからね。

え～？　それは困る。

これでいいのよ。なぜなら、途中で引き出せると、老後にはお金が残っていないなんてことも

ありうるじゃない？

……図星!?

最初にｉＤｅＣｏを始める金融機関を選ぶ。一度選んだら変更できないから慎重に選ばなくてはね。ここを間違えると大変。大手の銀行のｉＤｅＣｏには、よい商品がなかったり、運用管理費用などが高かったりする場合もあるから気をつけて。ネット証券をお勧めするわ。

かあさんはどこ？

ＳＢＩ証券。手数料を考えてここに決めた。もう12年以上前のことよ。当時は今ほど選択肢がなかったわ。

で、金融機関を決める。口座開設には少し時間がかかるわ。開設できたら、毎月、いくら積み立てるのかを無理のない範囲で決めてね。次に、どの金融商品で運用するか、また、受取時は何歳から受け取るのかなど、自分自身で決めるの。もっとも、何歳から受け取るかを決めるのは60歳になったあとよ。

自分で払う。自分で運用する。自分でもらう年齢を決める。

そう。では、掛金を支払う、運用、給付の3つに分けて説明しましょうね。

iDeCoの3つのポイント

掛金を支払う

掛金は、月額５０００円から１０００円単位で選べるわ。掛金の金額は、１年に１回なら変更できるの。最長65歳まで積み立てることができるし、お休みもできる。ただし、いくらまで払えるかはその人の働き方によって違うわ。

どうやって払うの？

銀行の口座から引き落としよ。例外として、給料から引き落とすこともできる人もいるけど、これは特別なので勤務先に聞いてね。

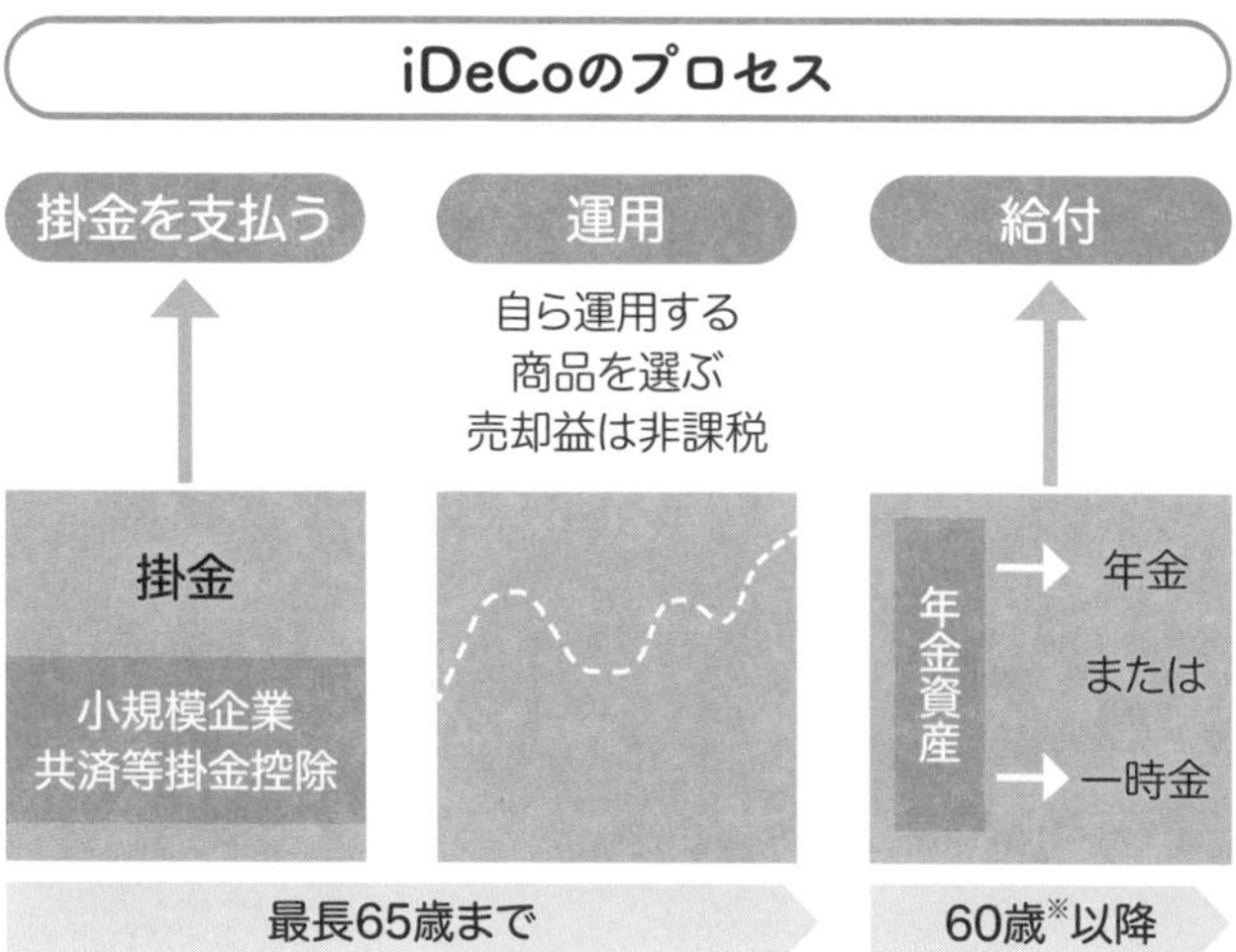

※加入年齢によって異なる

口座引き落としね。

大切なことは、支払った掛金が全額「小規模企業共済等掛金控除」として、所得控除できること。

どういう意味？

iDeCoの掛金は所得から引かれるの。なぜなら、受け取らないので所得ではないからよ。その分、所得税と住民税が安くなる。たとえば、毎月2万円の掛金を払うと、24万円になる。所得税の税率が10％の人であれば、住民税の税率10％との合計20％になる。つまり、4万8000円分の税金を払わないで済む。この24万円は、そもそも受け取っていないので当然よね。

職業ごとの掛金

iDeCoって職業によって掛金の上限額が違うんだ！

職業		いくらまで払えるか
自営業者等 ※国民年金基金または国民年金付加保険料との合算		**月6.8万円** （年間81.6万円）
専業主婦（主夫）等		**月2.3万円** （年間27.6万円）
会社員	勤務先に企業年金等がない	
	勤務先に企業年金等がない かつ企業型確定拠出年金に加入している	**月2万円** （年間24万円）
	勤務先に企業年金等がある	**月1.2万円** （年間14.4万円）
公務員		

所得税：24万円×10％＝2万4000円
住民税：24万円×10％＝2万4000円
合計：4万8000円
所得税は、所得が高くなると税率もアップ。5％から45％まで
住民税は誰でも一律10％

それはいいね！　独身だと税金たくさん引かれるもんね～。

受取時は課税対象になるiDeCoに注意

おまけに、運用している期間中は利益が出ても、非課税になるからね。
ただし、受取時には気をつけることがあるわ！

なに？

課税の対象になるっていうことよ。

えー、ずるいじゃない！　今非課税だっていったでしょ？

掛金を払うときには所得にはならないので、税金がかからない。その代わり受け取るときは所得と考える。だから、税金を取られるのよ。
会社員や公務員の場合は、それなりの金額の公的年金を受け取れると思うの。公的年金とiDeCoの年金を足して、1年間に158万円を超えると税金がかかる可能性があるわ。

１５８万円まで非課税の理由

公的年金等控除額１１０万円＋基礎控除額48万円＝１５８万円

このほかに国民健康保険料など社会保険料の支払いや、家族構成に応じた控除が適用される（控除とは所得から差し引くこと。所得が低くなれば、その分の税金は安くなる）

そうなんだ！　なんかだまされた気分……。

かあさんは自営業者だから、公的年金が国民年金の78万円しかないの。だから、ｉＤｅＣｏに入って年金で受け取っても、税金がかからないようにプランニングをして受け取るのよ。

もしかしたら、ｉＤｅＣｏって、掛金を払うときよりも、受け取るときのほうが大事なの？

よく気がついたわね、そのとおり。どのように受け取るのか、いくら受け取るのかによって、所得税と住民税、それから国民健康保険料に介護保険料もアップするのよ〜。

ひぇ〜！　ファイナンシャルプランニングって、受け取るときも必要なんだ!?

もちろん。iDeCoのことを、金融機関は節税、節税って宣伝してるけど、節税じゃないのよ。その掛金の分は、なかったことになるので、当然ない分の税金はかからないわ。その代わりに、受取時にがっぽり税金を掛けるという仕掛けよ〜。つまり、税金の先延ばしね。

恐るべし、iDeCo……。

一時金で、退職金のように受け取る方法もあるけど、会社で退職金を受け取った人は、その非課税枠を使い切っているかもしれない。その場合は、やっぱり課税されるわ。退職金は一時にたくさんの金額を受け取るので、税金の負担が重くならないような配慮がある。

どんな配慮？

勤続年数に応じて、退職所得控除額が設けられているの。勤続20年まで1年につき40万円、21年以降は、1年につき70万円として計算するわ。そして、iDeCoのお金を一時金で受け取るときも退職所得と同じ扱いになる。たとえば、かあさんは12年間iDeCoを続けている。と

いうことは、40万円×12年の480万円までなら一時金で受け取っても無税よ。それ以上には税金がかかるわ。だから勤務先で退職金をもらう人は気をつけてね。

退職所得控除額の計算

退職金や確定拠出年金を一時金で受け取るときは、その年数に応じて退職所得控除額を使える

2023年現在、勤続20年まで1年につき40万円
21年以降は、1年につき70万円　として計算する

たとえば、勤続35年の場合は、1850万円まで非課税となる
40万円×20年＋70万円×15年＝1850万円
1850万円を超えた分の半分が課税の対象になる

ただし、21年になるといきなり控除額が70万円に増えるので控除額を一律40万円にすべく、国会で議論されているわ。

増税されるんだね……。

iDeCoとNISAはどっちがいいの？

じゃあ、会社員や公務員など、公的年金や退職金が多めの人はNISAのほうがいいかな？

公的年金と退職金が多めの人は、完全非課税のNISAを優先するといいわ。最近は退職金のない企業が増えてきているので、まずは就業規則を確認してね。

iDeCoではどの商品を選べばいいの？

NISAと同じよ。日本株式50%、先進国株式50%が基本！

でも、iDeCoには債券の投資信託やバランス型の投資信託もあるんでしょ？

せっかくiDeCoで投資をすると利益が非課税になるんだからもったいないじゃない。そもそも債券の投資信託で運用しても、利益なんてそんなに出ない。バランス型も債券が入っているし、人を頼って人にポートフォリオを組んでもらうと、がっぽり手数料を持っていかれちゃうわよ！

自分で選びますぅ〜。投資信託は、いつ解約すればいいの？　タイミングってある？

ＮＩＳＡ口座の投資信託は、お金は必要なときはいつでも解約して、使っていいのよ。お金は使うために貯めているのだから。あるいは、老後の資金として取り崩すなら、毎月５万円とかあるいは５％とか決めて一部解約するといいわ。証券会社と銀行口座は無料で入出金できるから、手数料なしで口座から移せる。でも、ＡＴＭ手数料にご用心かな。

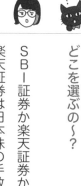

意を決して証券会社に口座を開く

勇気を出して、証券会社に口座を開くぞ〜！

そうね。20年前の私も同じだったから気持ちはわかる。銀行の口座を開くのと違って、入金も必要ないわ。まずは、ネット証券から選んでね。

どこを選ぶの〜？

SBI証券か楽天証券かな。なぜなら手数料が安いし、取扱商品の数が多いの。SBI証券と楽天証券は日本株の手数料がすべて無料なのよ。まずは、メールアドレスの登録、氏名・住所などの情報を入力して、口座開設を申し込む。スマホで申し込む場合は、最短で翌営業日には取引を始めることも可能なの。郵送の場合は、少し時間がかかるから注意してね。

簡単にできる？

きっと、迷うところがあるでしょうね。SBI証券の口座開設時に迷いそうなことをいくつか挙げてみるわ。

「特定口座を開設する／しない」→「開設する」。原則、「確定申告が不要」を選択

特定口座は、利益が出たときの税金額の計算と納税を証券会社が代行してくれるので、確定申告を行う手間が省けるわ。

はい！　特定口座を開設する。

特定口座は2種類あるので、必ず「源泉徴収選択口座」を選んでね。確定申告不要って書いてある。

「源泉徴収選択口座」は、自分で確定申告をする手間が省ける！

次は「NISAの選択」。この証券会社でNISA口座を開きたい人は、チェックを入れて。NISA口座の開設は、1か月弱と長い期間がかかるわ。なお、別の金融機関でNISA口座をすでに開いている人は、NISA口座は引っ越しもできるからね。変更前の金融機関で「勘定廃止通知書」を取得する必要があります。

NISA口座を選ぶ！

3つ目「iDeCoの資料請求の有無」は、必要に応じて選んでね。

4つ目の「住信SBIネット銀行」「SBI新生銀行 口座開設同時申し込みの選択」も必要に応じて選んでね。

5つ目の「SBI証券ポイントサービス申し込み」はとりあえず申し込んでおこう！

ポイントは、「Tポイント」「Vポイント」「Pontaポイント」「dポイント」「JALのマイル」の5種類から選べるわ。

本当だ。戸惑いそうな言葉がたくさん出てくる。

ネットで調べると口座開設の仕方を教えてくれるわよ。ただし、個人の見解だから気をつけて

口座開設のときに覚えておきたいこと

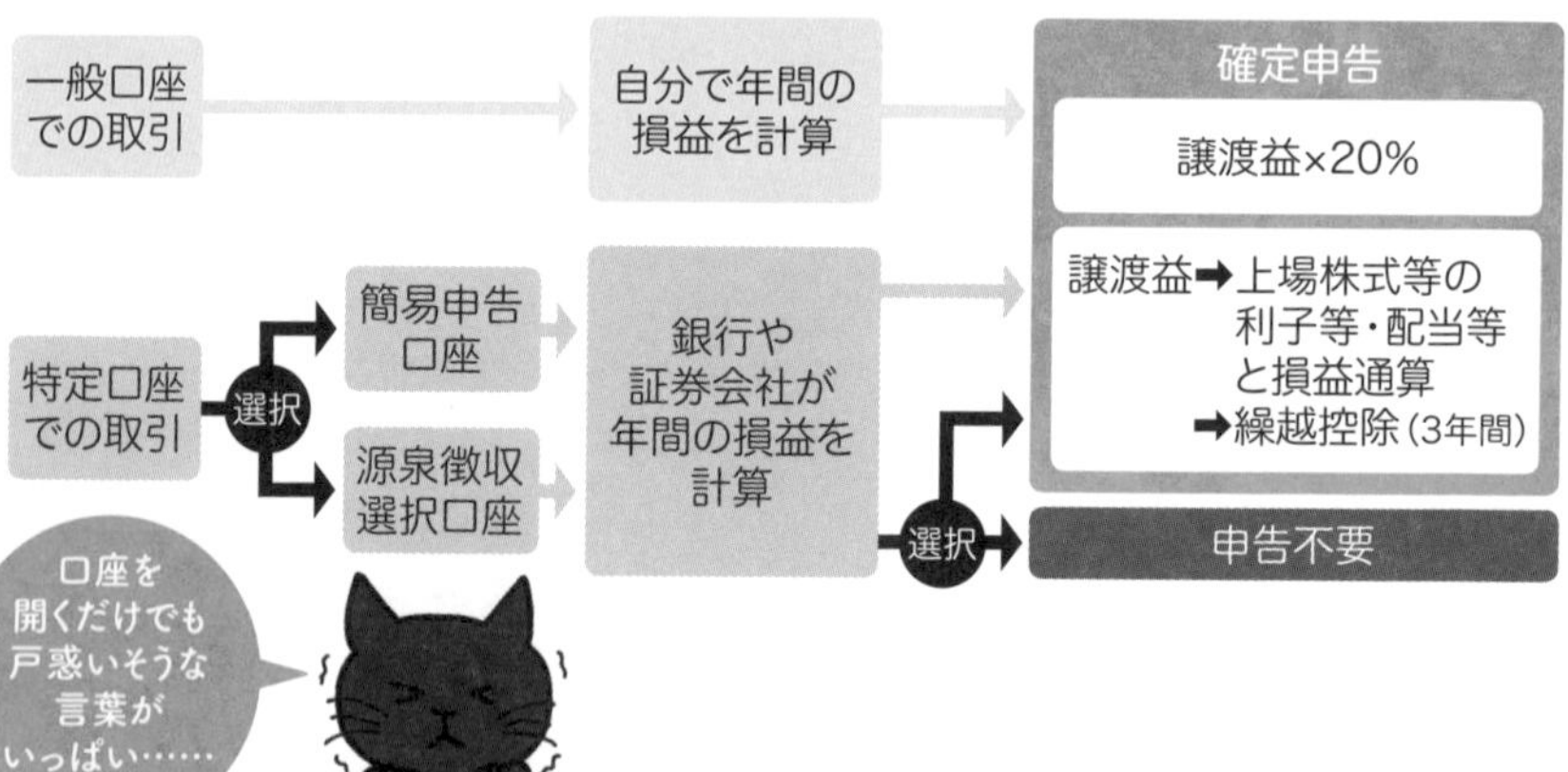

ね。わからないことは、証券会社のフリーダイヤルに電話するのが一番いいと思うわ。

かあさんはNISA口座もSBI証券に開いているの?

NISA口座は松井証券よ。主に株式を持っているわ。SBI証券は、ホームページにたくさんの情報がありすぎてどこに何が書いてあるのかがわかりにくいから。資産額などのページにもなかなかたどり着けないなど、私には使い勝手が悪いからよ。これは私の主観なので、みんなはお好みの金融機関を選んでくださいね。もちろん、手数料の安いところにしましょう!

わかった! 猫のネットワークで拡散してくるね。

おわりに

投資と聞くと、「怖い」とか「それほどお金は持っていない」など、まとまったお金がないと自分には関係がないと思いがち。ですが、まとまったお金は必要ありません。もし一度に大きな金額を運用しようと思うと、タイミングを狙いすぎて動けないのです。

たとえば、株式投資信託で運用するとしましょう。投資信託の値段が上がっているタイミングだと、「こんなに高くなっているのに、今買ったら下がるかもしれない」と思い、動けません。反対に、値段が下がっている状況だと「下がり続けているのに、今買ったらもっと下がるかもしれない」と思い、やっぱり動けません。結局、いつまでたってもお金の運用をスタートすることができないのです。

その点、積立投資は、毎月、同じ金額をコツコツ積み立てていきます。この方法ならタイミングを考えずに、毎月給料日のあとに引き落としをするとよいでしょう。ＮＩＳＡ、ｉＤｅＣｏどちらでもＯＫです。

大切なことは、毎月少しずつ積み立てて、長い目で見守ること。でも、はじめて資産運用をスタートするときは、「なにから始めたらいいかわからない」と感じる人がほとんどです。また、「買うのはいいけど、下がったら嫌だな」と躊躇する人もたくさんいらっしゃるでしょう。しかし、20年、30年先にしっかりと資産が増えると思って行動を起こすことが大切です。これまではデフレだったので、資産が増えるイメージを持てなかったかもしれませんが、勇気を出してください。まずは小さな金額からスタートを切りましょう。

純金積立は3000円から、投資信託なら100円から始めることができます。たとえば、雪だるまを作る場面を想像してください。小さな球を雪の上で転がしても、たくさんの雪はついてきません。でも大きな球を転がすと、たくさんの雪がついてきます。

この雪の球を投資する「元本」だと思ってください。元本が大きければ、値段が上がるとその分、資産が増えます。元本が小さいと、増えるのに時間がかかってしまいます。投資する金額は少しずつ増やしてくださいね。

人生を豊かに過ごすためには、旅行に行ったり、車を購入したりすることもあるでしょう。独身の方なら、結婚費用もある程度用意しておかなければなりません。でもお金は洋服を買ったり、趣味に使ったりするのもよし。貯蓄は将来何かに使うために行うのです。老後を心配するあまり、お金を使わないというのも正しくありません。インフレを考えるのであれば、勇気を出して投資信託を試してみてください。資産運用を行うためには、少しだけ投資の勉強が必要になります。でももうおわかりいただけましたね。まずは実践することが大切です。

2024年1月吉日　横川由理

横川由理 よこかわ・ゆり

ファイナンシャルプランナー（CFP®）、証券アナリスト、MBA（会計＆ファイナンス）。大手生命保険会社の勤務を通して、お金の大切さに気づく。以来、お金の知識を広めることをライフワークとして、マネー講座、FP資格取得講座の講師、執筆を中心に活動している。著書に『50歳から役に立つ「お金のマル得術」』『老後にいくら必要か？』『アベノミクスで変わる！「暮らしのお金」の○と×』『「年代別」未来年表で早分かり！50歳からの資産防衛術』（すべて宝島社）『大切な人を亡くしたあとのお金のこと 手続きのこと』（河出書房新社）など多数。監修には年度版『NEWよい保険・悪い保険2024年版』（徳間書店）などがある。

WEB SITE https://fp-agency.com/

知らなきゃ損！
インフレってなに？

2024年2月9日　初版第1刷発行

著者　横川由理

編集協力　ブルーラグーン
イラスト　べじこ
カバーデザイン　和全（Studio Wazen）
本文デザイン　伊藤礼二（Tボーン）

発行者　石井悟
発行所　株式会社自由国民社
〒171-0033　東京都豊島区高田3丁目10番11号
電話　03-6233-0781（代表）
https://www.jiyu.co.jp/

印刷所　新灯印刷株式会社
製本所　新風製本株式会社
編集担当　三田智朗